Comentarios de quienes han leído ¿Cuán Profundo Es Tu Amor?

¿Cuán Profundo Es Tu Amor? es una reflexión maravillosa del amor que nuestro Padre celestial tiene por cada uno de nosotros. Me gozo por la oportunidad de haber ido conociendo a Sharon a lo largo de los años y de ver la manera en que ella ha salido adelante en la aventura de su vida con Paige, y no solo haber sobrevivido sino prosperado en el camino. Mi corazón se deleita cuando veo a padres de hijos con necesidades especiales aprendiendo a amar a sus hijos y no viendo la condición como la identidad del niño. Sé que este libro brindará mucha esperanza y ánimo a los padres de niños con necesidades especiales. Gracias, Sharon, por tomarte el tiempo para escribir y por permitirnos entrar personalmente en el proceso y recorrido de tu vida.

—Chris Gore
Bethel Church, Redding, CA
Escritor de *El Regalo Perfecto, viendo al niño y no la condición*

Al escribir la recomendación de este libro, me encuentro buscando las palabras para describir la profundidad, la sinceridad y el poder del amor de una madre… y me quedo corta. Tengo la bendición de conocer personalmente a la escritora y a su hija, y aun así, me hallo descubriendo aspectos nuevos y maravillosos en el recorrido de Sharon y de Paige. Un trayecto de fe, esperanza y amor; de fortaleza, determinación, creatividad y resiliencia gozosa *¿Cuán Profundo Es Tu Amor?* nos cuenta una historia conmovedora de la unidad entre una madre y su hija y mucho más. Sharon nos dice, "Yo creo que

Paige vivirá, y otros creen que morirá". Aunque esta historia está envuelta en milagros de la medicina y encuentros con Dios, no puedo dejar de pensar en un sinnúmero de personas clamando por que alguien los ame lo suficiente para *¡seguir viviendo!*

A medida que avanza, esta historia real llevará al lector –a ti y a mi– a descubrir cuán profundo es el amor de Dios por cada uno de nosotros. Es mi oración que este libro, escrito maravillosamente, llegue a hogares y corazones de todo el mundo. Esta es la historia de amor más bella que yo haya leído.

—Mary Jo Pierce
Pastora, escritora, oradora

¿Cuán Profundo Es Tu Amor? es una hermosa historia que inspira. Creemos que las palabras de este libro ayudarán a miles de personas a confiarle su vida al Señor, el Creador del universo. Ya que todos enfrentamos pruebas en la vida, la historia del recorrido de Sharon con Paige nos recuerda que nuestro Dios amoroso es más grande que nuestros problemas.

Somos líderes de equipo del ministerio Joni and Friends/Wheels for the World y hemos atestiguado cómo el Señor le ha abierto una puerta a Sharon para ministrar el amor de Dios en México a las madres de niños con necesidades especiales. Observar a Paige sirviendo en el campo misionero nos habla a gritos del amor profundo de Sharon por Paige, de lo que han superado y del lugar donde se encuentran hoy día. ¡Es una bendición tener a Tommy, Sharon y Paige como parte vital de nuestro equipo!

—Jim and Kay Christian
Líderes de equipo, Wheels for the World

Sharon comparte su conmovedora historia de profundo dolor, pero también del triunfo victorioso de Dios en su vida a través de esto. Sin embargo, la historia de triunfo no es solamente de Sharon, sino también de Paige. Cualquiera que esté enfrentando cambios dolorosos e inesperados en su vida puede identificarse inmediatamente con la historia de Sharon. Si no estás en una situación similar, podrás conocer a alguien que sí lo está, y la historia de Sharon puede darte herramientas para animarlos. Ningún detalle de la vida de Sharon sorprendió a Dios, Él estuvo con ella en cada momento, dándoles a ella y a Paige todo lo necesario para cada día. Dios continúa dándoles lo que necesitan y continuará haciéndolo hasta el momento de su regreso cuando se reúnan con Él cara a cara. Me parece que esta historia real, que te conmoverá el corazón, hará que te identifiques con Paige y Sharon y que te encariñes con ellas; incluso, llegarás a amar aún más a Aquel que las ve. Al igual que Génesis 16:13, "Y Agar llamó el nombre del Señor que le había hablado, Tú eres un Dios que ve", Sharon declara por medio de sus palabras y su vida, "Yo también he visto a Aquel que me ve".

—Donna Wilbanks
Líder de enseñanza, jubilada de *BSF* International

Es un honor y un privilegio recomendar la historia de la vida de Sharon y Paige. Soy el neumólogo de Paige y he sido parte del equipo médico de ella desde el principio. En medicina, se nos enseña y capacita a ser objetivos cuando aconsejamos a un paciente o a su familia sobre su condición médica y prognosis a largo plazo. Tengo que admitir que Paige ha superado mis expectativas. A lo largo de los años he visto a Sharon esforzarse diligentemente para maximizar el potencial de Paige. Ha trabajado muy duro para hacerse cargo de las necesidades médicas de Paige permitiéndole llevar una vida normal. He visto el fruto de su dedicación y amor por Paige, la cual es una joven amable y cortés, muy feliz que disfruta tremendamente de su vida. Espero que continúe desarrollándose y triunfando en la vida. Quien lea este libro se beneficiará al conocer la forma en que el amor profundo puede transformar la vida de una persona.

—Dr. Sami Hadeed
Neumólogo

Yo soy el cardiólogo de Paige Richardson. La he atendido desde que nació. Sharon hace una descripción excelente de su parto prematuro y del nacimiento de Paige, así como del descubrimiento de múltiples problemas. El desgaste emocional que esta joven madre sufrió al hacerle frente a la enorme y abrumante Unidad de Terapia Intensiva Neonatal con una bebé prematura con múltiples problemas y altibajos durante su cuidado están dramáticamente detallados. Sharon se acerca inicialmente a su familia para que le ayuden a lidiar con los muchos problemas y cirugías de Paige, así también como para enfrentar la pérdida de percepciones preconcebidas; pero entonces, Dios le da una perspectiva diferente de su hija que cambia el curso de su vida. Aunque la historia de ambas no ha finalizado, este libro trata de derrotas y triunfos, de una fe tremenda y del crecimiento de Sharon en Dios. Espero con anticipación los chequeos cardíacos anuales de Paige para ver su sonrisa, siempre me emociona ver sus nuevos logros. Esta historia es especial para mí ya que participo en el cuidado de Paige.

—Dr. Richard Readinger
Cardiólogo

¿CUÁN PROFUNDO ES TU AMOR?

LOS SUEÑOS DESTROZADOS DE UNA MADRE **SE TRANSFORMAN EN LLUVIAS DE BENDICIONES.**

Sharon Richardson

© 2021 por Sharon Richardson. Todos los derechos reservados.

Publicado por Beautiful Gate Publishing.

Beautiful Gate Publishing tiene el honor de presentar este título junto al autor. Los puntos de vista expresados o implícitos en esta obra pertenecen al autor. Beautiful Gate Publishng otorga el sello editorial representando excelencia en el diseño,
contenido creativo y producción de alta calidad

Ninguna parte de esta publicación puede ser reproducida, guardada en un sistema de recuperación de datos o transmitida de manera alguna ni por ningún medio–electrónico, mecánico, fotocopiado, grabado o de otra manera– sin permiso previo y por escrito del titular de los derechos del autor, excepto como proveen las leyes de los derechos del autor en los Estados Unidos de América.

Intereses comerciales: Ninguna parte de esta publicación puede ser reproducida, guardada en un sistema de recuperación de datos o transmitida de manera alguna ni por ningún medio–electrónico, mecánico, fotocopiado, grabado o de otra manera– sin permiso previo y por escrito del titular de los derechos del autor, excepto como proveen las leyes de los derechos del autor en los Estados Unidos de América.

La canción de The Barney and Friends "I Love You" es usada con permiso de Lyons Partnership LP.

A menos que se indique lo contrario, todas las citas bíblicas han sido tomadas de la versión La Biblia de Las Américas (LBLA), Derechos reservados © 1986, 1995, 1997 por The Lockman Foundation. Usado con permiso.

Las citas marcadas como NVI son tomadas de la Santa Biblia, NUEVA VERSIÓN INTERNACIONAL® NVI® © 1999, 2015 por Biblica, Inc.®, Inc.® Usado con permiso de Biblica, Inc.® Reservados todos los derechos en todo el mundo. Usado con permiso.

Las citas marcadas como RVR1960 son tomadas de la Santa Biblia, versión Reina-Valera© Sociedades Bíblicas en América Latina, 1960. Renovado © Sociedades Bíblicas Unidas, 1988. Usado con permiso.

Fotografía de la portada por Courtney Raz / JolanJade Photography
Fotografía de la contraportada por Mike Daniel
Traducido por: Yvette Fernández-Cortez | www.truemessage.co

ISBN: 978-1-7347790-0-4 (Paperback)
ISBN: 978-1-7347790-1-1 (versión en inglés)
ISBN 978-1-68314-957-6 (ePub)
ISBN 978-1-68314-958-3 (Mobi)

Catálogo de la Biblioteca del Congreso número (versión en inglés): 2019918612

Dedicatoria

DEDICO ESTE LIBRO A mi hija, Paige. Sin ti, este libro nunca se habría escrito, y yo tampoco sería la persona que soy ahora. Tú has abierto mis ojos a un nuevo mundo, a una nueva manera de llevar una vida llena de gozo y de bendiciones abundantes. Gracias a ti, mi corazón se ha expandido a mayores profundidades de amor. Debido a ti, conozco a un Dios que puede hacer milagros.

Te amo, Paige, desde lo más profundo de mi corazón. Las palabras nunca podrán expresar la totalidad de mi amor por ti. Para mí, tú eres hermosa por dentro y por fuera. Atesoro todo tu ser, el aliento en tu cuerpo, tu amor afectivo, tus grandes ojos cafés, tus sonrisas hermosas, tu risa contagiosa, tu humor, tu gozo que ilumina la habitación y la paz de Dios que llevas en tu corazón. ¡Te amo más que el aire que respiro!

Mamá

Tabla de Contenido

Prólogo xiii
Reconocimientos. xvii
1. Noticias De Última Hora. 19
2. Mi Regalo Perfecto 27
3. Calidad De Vida 39
4. El Viaje En Limusina 51
5. La Bendición 61
6. Nuevos Comienzos 71
7. Vida Y Muerte 79
8. La Batalla Continúa 89
9. Nuestra Nueva Normalidad. 99
10. Plenitud De Vida. 109
11. Fue Idea De Dios, No Mía 121
12. El Divorcio 145
13. La Palabra 159
14. Un Nombre Genial 175
15. Legado 187
16. El Mayor Regalo. 199

Prólogo

QUÉ GRAN BENDICIÓN ES que mi esposa me pida escribir el prólogo de la historia inspiradora de su vida con Paige. Estábamos cenando una noche, y Sharon me dijo, "Siento que Dios quiere que escriba un libro sobre mi vida con Paige". Mirándola dije, "Creo que deberías hacerlo. Creo que hay mucha gente que podría beneficiarse al conocer tu trayectoria con Paige".

Soy el padrastro de Paige. Ella tenía dieciocho años cuando llegué a su vida. Yo nunca había pasado tiempo con una persona con necesidades especiales hasta que conocí a Paige. Cuando Sharon y yo nos casamos, yo confiaba en Dios que todo funcionaría bien con Paige. Para mi sorpresa, mientras más tiempo pasaba con Paige, más me daba cuenta lo fácil que era amarla.

Paige es una persona maravillosa, llena de amor, gozo y paz. Ella es gentil y generosa y se preocupa genuinamente por los demás. Ella representa un gran ejemplo de amor incondicional hacia todo el que conoce. Cuando ve personas conocidas, siempre está feliz de verlas y de llamarlas por nombre: "Allá está fulano y mengano". Esto siempre los hace sonreír y hace que su día sea un poco más brillante.

Digo todo esto porque me parece que no es casualidad que Paige sea tan maravillosa. Creo que es el resultado del amor profundo que Sharon le ha demostrado a Paige y la manera en que ha administrado su vida, logrando que Paige se desarrolle como una persona maravillosa. Sharon también ha vertido su fe en Paige, razón por la que se ha convertido en la persona singular y maravillosa que es hoy día. El profundo amor de Sharon por Paige, combinado con su fe en Dios, ha alterado la trayectoria de la vida de Paige de una manera muy profunda. La diferencia está entre lo que los profesionales decían que Paige sería y en lo que ella se ha convertido milagrosamente.

Al principio, pensé que este libro sería útil para los padres que tienen hijos con necesidades especiales, para inspirarlos y ayudarles a desarrollar a sus hijos en adultos amorosos, llenos de gozo y bien adaptados, como Paige. Sin embargo, cuando Sharon trabajaba en el manuscrito, ella me leía partes y extractos de los capítulos, y sus ojos se llenaban de lágrimas –y los míos también mientras describía la batalla casi constante entre la vida y la muerte y la victoria posterior. Parecía como si nadie más, excepto Sharon, tenía fe de que Paige viviría y no moriría. Ahora entiendo la historia en su totalidad. Es más que solo criar a un hijo con necesidades especiales– se trata de superar obstáculos extremos y adversidad desde una postura de paz, fe y amor profundo.

También se trata de la mayordomía fiel, no de recursos sino de la vida de alguien. Sharon ha administrado la vida de Paige increíblemente bien. Yo sé que cuando llegue el día en que Sharon se presente ante nuestro Señor, ella lo oirá decir, "¡Bien hecho, sierva buena y fiel!".

Esta es una historia increíblemente inspiradora y audaz sobre una madre y su hija que enfrentan y superan juntas, con fe y amor, eventos de la vida que parecen no llevar las de ganar y que son muy difíciles. Es mi oración y esperanza que cuando leas esta historia, te animes a tener una fe más grande para creerle a Dios en lo milagroso y seas inspirado a amar más profundamente.

Tommy

Reconocimientos

Me gustaría expresar un agradecimiento especial y honrar a mi amado esposo, Tommy. Gracias por confirmar la idea de Dios y creer en mí para hacer lo que no sabía que era posible. Gracias por tu amor sacrificial al estar dispuesto a ayudarme con Paige a fin de que yo pudiera escribir. Gracias por tener la actitud de "no importa lo que cueste" y de animarme para completar este libro. Más que todo, agradezco a Dios por traerte a la vida de Paige y a la mía. Eres un regalo y una bendición verdadera para nosotras.

Con todo mi amor,
Milady

También quisiera expresar un agradecimiento especial a mi familia, que estuvo presente cuando Paige respiró por primera vez y que vivió esta historia conmigo. Gracias a todos por su amor y apoyo, tanto físico como emocional. Cada uno de ustedes ha hecho un impacto en la vida de Paige y en la mía. Cuando me detengo y observo cuánto cada uno ama y adora a Paige, nuestro regalo, ¡mi corazón se llena de una sensación de gozo incontenible!

Los amo a todos,
Sharon

Noticias de Última Hora

*Porque Tú formaste mis entrañas;
Me hiciste en el seno de mi madre.*
Salmo 139:13

"**No tengo ganas de venir** a trabajar mañana". Esas palabras tenían muy poco significado para mí cuando las dije, no era más que la expresión de un pensamiento de lo agradable que sería tener un día libre. No me imaginaba que las recordaría eternamente.

Era el final del jueves por la tarde en el trabajo cuando pronuncié esas palabras. La recepcionista y yo estábamos conversando, esperando que pasaran los últimos minutos antes de la hora de cierre. Cuando salí después del cierre de la oficina y me dirigí a mi vehículo, no tenía idea alguna de cuán ciertas serían esas palabras. La verdad era que yo no iba a ir a trabajar al día siguiente y la vida que conocía estaba a punto de cambiar drásticamente.

Siempre tuve una vida bastante buena. Soy hija de un predicador. Nací en Guadalajara, México. Mis padres me adoptaron cuando yo tenía apenas un día de nacida. Decían que yo era la respuesta a una de sus oraciones y siempre me decían que había sido "elegida". Estas palabras contenían algo poderoso. Me hacían sentir bien acerca de quién era y cómo había sido colocada en este hogar. "Yo había sido elegida".

Al momento de mi nacimiento, mis padres estaban preparándose para ir al campo misionero. Después de un par de años de preparación, los enviaron a África. Vivimos en el Congo por dos años donde ellos daban clases. Viví allí con mis padres y también con mi hermano, Eric, quien adoptaron en Bruselas, Bélgica. Ellos decían que él era otra respuesta a la oración. Al igual que yo, él había sido "elegido". Vivimos en el Congo hasta que nos evacuaron debido a los disturbios en ese país.

Cuando regresamos a los Estados Unidos, llegamos al estado de Texas. Después de unos años, mis padres adoptaron otros dos niños más en Texas: mi hermano, Teri, y mi hermana, Christi. Otras dos bendiciones y respuestas a las oraciones. Ahora éramos una familia de seis, cada uno de nosotros "elegido". Mi niñez fue bastante normal. Asistí a la escuela primaria, secundaria y al bachillerato en la misma zona. Mi vida era estable. Fui a la universidad y obtuve mi licenciatura en trabajo social. Nunca tuve el deseo de probar drogas. En la universidad traté de fumar y beber, pero nada de eso "se me pegó". Después de la universidad fui a trabajar al Departamento de Supervisión Comunitaria y Correccional como oficial de libertad condicional, y mi trabajo me encantaba. Allí era donde estaba trabajando cuando dije las palabras de no tener ganas de ir a trabajar al día siguiente.

Tenía veintinueve años y estaba esperando mi primer bebé. Tenía lo que pensaba era un embarazo normal, al igual que el resto de mi vida. Después de llegar a casa esa noche, fui a la cocina y preparé la cena. Luego, mi esposo y yo sacamos unas mesas para cenar frente al televisor en la sala para ver uno de nuestros programas favoritos. Estaba sentada en el sofá disfrutando el show cuando, de la nada, sentí repentinamente un brote de agua que empezó a fluir de mi cuerpo. *¡Oh, no!,* pensé. *¿Qué pasa aquí?* Sabía que algo no estaba bien. No era tiempo de dar a luz. Tenía solamente treinta y un semanas de embarazo.

Me paré de un salto y me dirigí al baño mientras mi esposo llamaba al doctor. Al apresurarme, el agua continuaba saliendo de mi cuerpo. *¡No hay forma de que esto se detenga!* Siendo mi primer embarazo, no estaba segura de lo que debía esperar. Era obvio que mi fuente se había roto, pero no tenía idea de que sería así. *Lo que estoy experimentando parece ser excesivo. Estoy segura de que esto no se considera normal.* Supuse que la fuente dejaría de fluir en algún momento, pero no fue así.

Sabía que necesitaría atención médica por lo que me estaba sucediendo, pero me quedé en el baño hasta recibir instrucciones del doctor. Podía escuchar a mi esposo hablando con la persona de turno, parecía que iban a contactar a mi médico. En pocos minutos, sonó el teléfono. Presté atención y por la conversación entendí que mi doctor nos vería en el hospital.

Con mi cartera y un par de toallas en mano, corrí desesperadamente al vehículo. Aunque me movilicé rápidamente, no sentía ni miedo ni preocupación. En cambio, estaba perpleja y sorprendida por todo eso.

Al subirme al vehículo, coloqué una toalla en el asiento del pasajero. En poco tiempo, el agua había empapado la toalla. *¿De dónde sale tanta agua?* Era como si tuviera una fuente de agua interminable que se reproducía. No podía quitármelo de la cabeza, y luego me di cuenta, *¡Creo que debería hacerles saber a algunas personas lo que está pasando!* Nunca había pasado por algo así, y no conocía el procedimiento; sin embargo, me parecía que todos debían enterarse de "las buenas noticias". Usando un teléfono portátil (no existían los celulares todavía), empecé a llamar a los miembros de mi familia informándoles de el estado actual de mi cuerpo y hacia dónde nos dirigíamos. Hubo un elemento sorpresa que rápidamente se convirtió en alegría para todos. Nadie sentía temor en todo esto.

Nos llevó menos de treinta minutos llegar al hospital. Cuando mi esposo y yo llegamos, un par de enfermeras salieron a recibirnos al vehículo. Me dio gusto verlas, pero no estaba tan calmada como ellas. Hasta ese momento, el agua había salido de mi cuerpo durante casi una hora, y parecía que yo estaba más preocupada que cualquier otro por este flujo de agua. Me pidieron que me sentara en una silla de ruedas y me llevaron tranquilamente a la sala de partos donde empezaron a hacerme varios exámenes. Yo sabía que algo dentro de mí no estaba bien, pero nunca pensé que estaba pasando algo malo con mi bebé.

"¡Su bebé está en peligro!".

Apenas había procesado esas palabras cuando escuché, "Va para cirugía. Necesitamos hacerle una cesárea".

¿Qué? ¿Cirugía? ¿Qué pasa? No entiendo nada de esto. He tenido un embarazo normal. Mi ultrasonido no reveló problema alguno. ¿Por qué está pasando todo esto? Tiene que haber un error.

Era como que las palabras volaran por el aire– "Su bebé está en peligro. El ritmo cardíaco del bebé está disminuyendo. Hay un cincuenta por ciento de probabilidad de que su bebé sobreviva".

Escuché las palabras, pero no podía hablar.

La sala de partos se convirtió rápidamente en una sala de emergencia. Todos se movían aceleradamente, hablando entre ellos y diciéndome lo que iba a suceder. Sumamente consciente de que la atmósfera había cambiado, no podía hacer nada. Todo estaba fuera de mi control. No tenía opción. Trajeron una máquina de Rayos X, y alguien me puso una inyección en la espalda, lo que me causó un escalofrío en la columna.

A las 10:33 de la noche, escuché el llanto de un bebé, seguido de la voz de un doctor que decía, "¡Es una niña!". Mi esposo y yo habíamos decidido no saber el género del bebé anticipadamente. Queríamos que fuera una sorpresa.

Cuando escuché esas palabras, supe: *Tengo una hija, y ¡está viva! La oí llorar, seguramente está bien. El doctor dijo cincuenta por ciento, así que ¡este debe ser el cincuenta por ciento de sobrevivir!*

Las enfermeras me informaron su peso al nacer: "Pesa tres libras y dos onzas y media".

Un poco pequeña, pero parece ser un muy buen peso dado que es prematura.

Supuse que todo estaría bien. ¿Y por qué no? Así es como siempre había sido mi vida. Siempre había tenido una buena vida. Las enfermeras continuaron hablando de mi bebé.

"¿Puedo verla?", pregunté. "Quiero ver cómo es".

"Claro que puedes", fue la respuesta. La enfermera la trajo a cama toda envuelta en una sábana. Me incliné y la vi, pero no pude cargarla, ni siquiera tocarla. Me la quitaron rápidamente, y ya no estábamos en la misma sala. Yo seguía sin sentirme atemorizada o molesta; tenía paz. La oí llorar. Oí su voz, ¡y su voz era fuerte!

En un instante, la sala empezó a llenarse de personal médico. Uno de los doctores habló. "Su hija está teniendo dificultad para respirar, así que la llevaremos a la Unidad de Terapia Intensiva Neonatal (NICU, por sus siglas en inglés). Queremos hacer exámenes adicionales".

¿Más exámenes? ¿Qué quieren decir con esto? Ella no tiene nada malo.

"Hemos descubierto que tiene algunas costillas pegadas", continuó, "Y tiene una fístula traqueoesofágica".

Mi esposo y yo nos miramos. *¿Costillas fusionadas? Eso no tiene sentido. Nunca he escuchado de eso, pero puedo aguantar las costillas fusionadas porque ella está viva. Pero no estoy muy segura de qué quiere* *decir fístula traqueoesofágica. No sé qué es eso. Estoy segura de que será algo fácil de corregir.*

Las palabras siguientes respondieron a mi pregunta.

"El esófago de su hija no se unió a su estómago. Una cirugía es la única forma de reparar esto, y tenemos que hacerla de inmediato para que pueda recibir alimentación. Hemos programado esta cirugía para mañana".

¿Cirugía? ¿No puede ser? ¿Debería preocuparme? Una vez más, no tenía opción. Mi hija tampoco tenía opción.

Quizá no tenía opción respecto a la cirugía, pero decidí no estar preocupada o ansiosa y pensé, *El cirujano hará esta operación, arreglará el problema y todo estará bien.* Lo que yo no sabía era que esta cirugía no iba a arreglar el problema; por el contrario, crearía problemas adicionales para nuestra hija.

Para entonces, algunos de mis familiares más cercanos habían llegado; y estaban recibiendo la información más reciente. Mis padres no vivían en el área, así que después de conducir dos horas para llegar a la ciudad, mi madre entró a la 1:30 de la mañana. Cuando llegó, me encontró en una habitación sola.

Después de que los doctores me dieron los detalles más recientes, me sacaron de la unidad de maternidad. "Es una falta de consideración dejarla en una unidad donde otras mamás tienen a sus hijos en la misma habitación con ellas", me dijeron.

No estaba segura si esto me hacía sentir mejor o peor. El lugar a donde me llevaron parecía estéril y aislado. Me quedé allí recostada y en silencio, tuve más tiempo para pensar. *No entiendo nada de esto. No es así como soñé tener un bebé. ¿Por qué tengo que pasar por esto? ¿Por qué mi historia no es como la de todos los demás? ¿Cómo puedo comprender lo que acaba de suceder?* Cuando mi mamá entró, me estaba sintiendo muy sola.

Yo sabía que acababa de dar a luz a una niña por cesárea. Sabía que había soñado con esta bebé por muchos meses, quizá toda mi vida. Había pasado tiempo imaginándome cómo sería la vida de mamá primeriza y muchas veces me preguntaba qué clase de mamá sería. *¿Seré una buena mamá? ¿Voy a ser la mejor mamá para mi hija? ¿Será fácil? ¿Voy a saber qué hacer?* Soñaba cómo sería nuestra familia con este nuevo miembro. *¿Cómo cambiarían nuestras vidas? ¡Apenas podía imaginar el gozo y la felicidad que este bebé traería!* Aunque optamos por no conocer el género anticipadamente, sí teníamos un nombre para ella– ¡Paige!

La mañana siguiente desperté y tuve un pensamiento casual, *Hoy es viernes.* Luego caí en cuenta. *¡Viernes! ¡Se supone que tengo que ir a trabajar hoy!* Repentinamente, recordé las palabras que había dicho el día anterior: "No tengo ganas de venir a trabajar mañana". Esas palabras se habían convertido en una realidad. Una realidad que estaba en sus primeras etapas de desarrollo. Una realidad que nunca habría podido anticipar. Una realidad que cambiaría mi vida para siempre.

Mi Regalo Perfecto

Toda buena dádiva y todo don perfecto descienden de lo alto.
Santiago 1:17

EL DOLOR ERA CASI INSOPORTABLE—contuve mi respiración y rápidamente pasé mi mano por las suturas en mi estómago. *¿Cómo puedo olvidar esto?* Tuve la tentación de volver a acostarme, pero tenía una misión. No me importó que acababa de tener una cesárea; yo quería ver a mi bebé. *No voy a permitir que este dolor me detenga.* Pude haber pedido una silla de ruedas, pero prefería caminar desde mi habitación privada hasta la Unidad de Terapia Intensiva Neonatal.

Mi hija va a ser sometida a una operación hoy, y quiero estar con ella.

No la había visto desde que la separaron de mí. Ahora, ella estaba en una incubadora, conectada a un montón de máquinas con varios tubos que entraban y salían de su cuerpo. Parecía muy pequeña, tenía su cabeza llena de cabello castaño y era larga y delgada. Pensé que se veía bien. *Solo necesita aumentar un poco de peso.*

Esperé al lado de la incubadora, asimilando todos los sonidos de las máquinas– los timbres, el goteo, las alarmas– mirando cada una de ellas tratando de descubrir su propósito y el significado de los números. Entre las 4:30 y las 5:30 de la tarde, el personal médico llegó para llevarse a Paige para la operación donde el cirujano iba a conectarle el esófago al estómago para que pudiera recibir alimento.

Hasta ese momento, yo había permanecido calmada.

Al mirar al personal médico, me di cuenta de que apresuraban el paso y empezaban a moverse rápidamente alrededor de Paige. Allí, sentada y callada, empecé a asimilar el significado de lo que había sucedido el día anterior. *Di a luz a una bebé que no estaba a término. Ni siquiera tiene veinticuatro horas de haber nacido y está a punto de someterse a una operación.* El peso de la pena y la tristeza descendieron sobre mí. Mis ojos se llenaron de lágrimas. Traté de no llorar, de ser fuerte, pero la pena y la tristeza no desaparecieron. Luché para mantenerme bajo control.

Intentando ser valiente, respiré profundamente mientras ellos se la llevaban.

"Vamos a cuidarla bien".

Esas palabras resonaban en mi cabeza. Yo quería que sean ciertas. *Por favor, cuídenla bien.*

Nos llevaron, a mi esposo y a mí, a una sala de espera llena de familiares y amigos. Aunque verlos a todos me dio alivio, era difícil involucrarme en una conversación. Me mantuve atenta al reloj para ver cuánto tiempo transcurría. Si no estaba pendiente del reloj, esperaba que el teléfono suene porque era mi manera de estar conectada a Paige.

Después de esperar dos horas muy largas, el cirujano apareció en la puerta, y mi corazón dio un brinco, anticipando sus palabras.

"La operación salió bien".

Solté un profundo suspiro de alivio. Aquellas eran las palabras más dulces que podía escuchar, era lo que esperábamos. *Todo va a estar bien, así como siempre ha estado mi vida.* Sin embargo, antes de que pudiera volver a respirar, recibí un impacto devastador.

"Durante la operación descubrimos otro problema".

Mi Regalo Perfecto

¿Qué? ¿Otro problema? El cirujano tenía mi atención absoluta.

"Hay un problema con el corazón de Paige, lo que requerirá de por lo menos una cirugía".

¿Su corazón?

Escuchar esas palabras fue como si una flecha atravesara mi corazón. El salón empezó a dar vueltas. Escuché la voz del doctor diciendo palabras, pero no entendí ni una de ellas. Parecía como que sus palabras iban en cámara lenta. Ya no pensaba de la sobrevivencia de Paige– ahora me preguntaba cómo iba a sobrevivir yo.

Paige tenía dos días de nacida, y estaba recuperándose de la cirugía. No todo estaba bien. Ella estaba en una condición crítica. Necesitaba recibir su primera transfusión de sangre. Estaba pálida y aletargada. Todo lo que estábamos atravesando era totalmente nuevo, y el temor empezó a afianzarse. Nuestros familiares y amigos no sabían qué hacer, pero ninguno quería irse.

Habían pasado solamente treinta y seis horas del nacimiento de Paige; sin embargo, parecía que mi vida daba vueltas sin control. No solo mi vida, sino yo y lo que yo solía ser. Mi mente empezó a llenarse de pensamientos, palabras e ideas que estaban causándome confusión e incertidumbre. No parecía lograr alejar el bombardeo de pensamientos. La atmósfera de paz que había tenido unos días atrás, cuando no tenía preocupación ni ansiedad, ahora había cambiado a sentimientos de desasosiego. Todo mi cuerpo estaba intranquilo. Parecía no poder quedarme quieta; sin embargo, en este día, sucedió un momento cuando todo el desasosiego se detuvo– un momento que quedará impreso en mi corazón eternamente.

Hoy entré al cuarto del hospital y te vi en la incubadora del intensivo. Estabas sobre tu costado y tenías los ojos abiertos. Esta fue la primera vez que nuestros ojos se encontraron. Ese momento no fue algo común en lo absoluto. Fue poderoso. Hubo algo cuando miré tus ojos que me hizo acercarme más a ti.

Cuando miré tus grandes ojos cafés, vi a una persona. No es que yo no sabía que eras una persona, mi bebé, mi hija. Había algo diferente en ese momento. Fue en ese momento que *yo te vi*.

Allí dentro hay una persona. Una persona que tiene sentimientos. Una persona que tiene pensamientos y emociones. Esta persona no tiene idea de lo que está sucediendo en su vida. Ni siquiera sé si esta persona sabe quién soy yo.

Mirabas profundamente a mis ojos. Estabas conectándote conmigo a través de tus ojos. Era como si me estuvieras hablando sin pronunciar una palabra. No sé qué tratabas de decirme, pero sí sé que fue en ese momento que me enamoré de ti. Sin embargo, al mismo tiempo, tenía tanto miedo de amarte por temor al dolor que esto me podía causar. Estaba muy abrumada y necesité mirar hacia otro lado para que no vieras mis lágrimas.

Pero cuando traté de explicarles este encuentro a los demás, ellos no comprendieron mis lágrimas, no entendieron cuán difícil fue para mí mirar tus ojos. Dijeron que lo que había experimentado contigo era "un dulce momento". Bajo cualquier otro tipo de circunstancia, posiblemente lo hubiera experimentado así. Sin embargo, este encuentro me hizo sentir deseos de huir. No era que yo quería alejarme de ti– quería huir de la posibilidad real de que mi corazón sea herido profundamente, más de lo que yo podía soportar.

Los pensamientos daban vueltas en mi cabeza: *¿A dónde voy? ¿Atravieso esto? Tengo una personita que depende de mí, pero yo no sé si puedo apoyarla. Puedo ser herida.* En ese momento, no tenía ninguna respuesta.

Cuatro días después de dar a luz por cesárea, me dijeron que estaba lista para salir del hospital. Pero yo no estaba lista para irme.

Una de las enfermeras me trajo una carretilla para cargar los regalos que había recibido, y pasé por toda la habitación recogiendo cada arreglo floral, cada animalito de peluche y cada tarjeta, colocando todo en la carretilla. *No pensé que sería así tener un bebé. Nada de esto sucedió como lo planeé ni como lo soñé. Parece que todos están tomando decisiones por mí y yo no puedo opinar. Estoy haciendo lo que me ponen enfrente, pero no me siento bien. Voy a casa y no estoy llevando a mi bebé conmigo. Todo esto está mal.*

Con todo puesto sobre la carretilla, mi esposo y yo nos fuimos a casa. El trayecto fue silencioso. Luego, antes de darme cuenta, estábamos entrando al garaje. Porque estaba recuperándome de la cesárea, me movía muy lenta y cuidadosamente al entrar a la casa. No había estado allí desde que se me rompió la fuente, tan solo unos días antes. Cuando entré a la casa por el lado del garaje, pasé directamente por la sala de estar donde sucedió todo.

Los recuerdos de esa noche inundaron mi mente.

Me vi sentada en el sofá, cenando y viendo televisión. Volví a vivir los recuerdos de la ruptura de mi fuente y a mi esposo y yo corriendo por toda la casa. Ahora la casa se sentía vacía y sin vida. La habitación se veía igual, pero faltaba la vida que había estado allí.

Seguí caminado hasta llegar al dormitorio de mi bebé. Me quedé parada en la puerta mirando la habitación. Vi rayos de sol atravesando las cortinas y llenando toda la habitación con promesas hermosas.

Más recuerdos llenaron mi cabeza. Estaba recordando el día que mi esposo y yo habíamos apartado para pintar el dormitorio de nuestro bebé. ¡Queríamos que todo estuviera perfecto! Cada vez que mojábamos el rodillo o la brocha en la pintura, compartíamos pensamientos de cómo sería nuestra vida con nuestro retoño, cuán perfecta pensábamos que sería. Después de que pintamos las paredes y las molduras, colocamos una cinta de patitos alrededor de la habitación, cerca del cieloraso. Luego, cuando todo estaba en su lugar, nos quedamos inspeccionando nuestra labor de amor. Fue como el sueño de la familia perfecta.

Seguí mirando el dormitorio, pero ahora me daba cuenta de que el sueño de la familia perfecta solo había sido una imaginación. Veía la pintura en las paredes y las molduras, y observé la cinta de patitos alrededor de la habitación, pero eso era todo. No había muebles y no había bebé. Paige no estaba allí.

Temprano, a la mañana siguiente, sonó el teléfono y un hombre, quien se identificó como uno de los neonatólogos del hospital, llamaba para hablar de Paige. Apenas pude escuchar las palabras subsiguientes que salieron de su boca.

"Hicimos una tomografía que reveló que Paige sufrió una hemorragia cerebral después del nacimiento". Luego añadió rápidamente, "Muy probablemente sucedió durante la operación. Es común en los prematuros. Evaluamos este tipo de sangrado con rango de uno a cuatro. Este tiene un rango de dos. Muchas veces no hay evidencia de este tipo de sangrado".

Escuché estupefacta, sin creer que estaba escuchando esas palabras. *¿Significa que tiene daño cerebral?*

Al día siguiente, aún estaba procesando esta información cuando el teléfono volvió a sonar. Yo conocía esta voz. Era la misma voz que había llamado el día anterior, era el neonatólogo que llamaba del hospital: "Un examen de sangre reveló que Paige tiene un problema con sus cromosomas. Tiene un cromosoma de más. Usted y su esposo deben venir a hacerse una prueba de cromosomas".

Presté atención y oí lo que dijo, pero esta vez sentí como que mis entrañas se descosían. *Paige solo tiene una semana de nacida — ¿cómo puede haber más problemas?*

Veinticuatro horas después, mi esposo y yo estábamos con una doctora y una representante del Centro de Estudio Infantil, donando sangre. Cuando terminamos, nos llevaron a una mesa donde nos sentamos. La doctora abrió un fólder y nos dio fotocopias de lo que parecían ser hebras de ADN. Por primera vez, estaba viendo fotografías de los cromosomas de Paige.

Por supuesto, está ahí en la foto, un cromosoma extra.

Me quedé viendo esa foto que no tenía sentido para mí. Había estudiado biología en la escuela, pero eso no quería decir que yo conocía el significado de este cromosoma extra. No tenía idea alguna, pero presté atención mientras la doctora explicaba cuatro escenarios diferentes.

Todo esto es nuevo y extraño para mí. ¿Qué está diciendo? ¿Qué significa esto? ¿Qué significa para Paige? ¿Cómo puede un cromosoma, que es tan pequeño, causar tantos problemas? La atmósfera parecía muy irreal. Esta tiene que ser la vida de alguien más. O una pesadilla de la que voy a despertar.

Sin embargo, yo sabía que no era un sueño. Estaba despierta, esto era bastante real y era mi realidad.

Aunque fue difícil de escuchar, sabía que la representante del Centro de Estudio Infantil solamente cumplía con su deber. Antes de irse, ella sugirió que mi esposo y yo asistiéramos a un grupo de apoyo llamado "Nuestros Hijos Especiales". Tuve la impresión de que ella pensaba que era una buena idea que nos acostumbráramos a tener una hija con necesidades especiales. Nos dio la fecha de la próxima reunión, que era la semana siguiente, y decidimos asistir.

El lugar de esta reunión estaba cerca del hospital, lo que era conveniente para estar cerca de Paige. Cuando llegamos, miré el frente del edificio y me quedé parada preguntándome, *¿Qué hay dentro de este edificio que tenga que ver con nosotros?* No sabíamos qué esperar, pero cuando entramos, exploramos un poco hasta encontrar un salón lleno de gente. Al mirar alrededor, supuse que todos los que estaban allí tenían hijos con necesidades especiales. La gente parecía bastante amigable. Las sillas estaban colocadas en círculo para que pudiéramos verlos a todos cuando compartían sus historias. La reunión empezó, y todos, uno por uno, tenían turno para contar su historia. Muchos de esos padres compartían los retos e incertidumbres que estaban enfrentando.

Sentada allí, escuchando, asimilé sus historias y sus preocupaciones, y escuché tristeza en sus voces. Al mismo tiempo, me preguntaba, *¿Qué tiene que ver todo esto conmigo? ¿Qué significan sus historias para mí?*

Esta conversación duró cerca de una hora, y me estaba sintiendo un poco abrumada por esto. Cuando salimos me llené de más incertidumbre. *¿Qué nos depara nuestro futuro? ¿Cómo será nuestra historia?*

Unas dos semanas después, llegaron los resultados de las pruebas de cromosomas. Una vez más, escuché el teléfono sonar, aunque no pensé nada de la llamada. Esta vez, no reconocí la voz, pero era alguien llamando del hospital para darnos los resultados de la prueba: "La mamá es la que tiene el cromosoma extra".

Esas palabras me pusieron en shock. *No entiendo. ¿Cómo puedo tener este cromosoma extra y sin evidencia de esto en mi cuerpo?*

La persona al otro lado de la línea procedió a explicar. Aunque yo tenía un cromosoma extra en mi cuerpo este se adhirió a otro cromosoma. Por eso, yo no tenía ninguno de los problemas que tenía Paige.

Y continuó, "Si el cromosoma extra se hubiera adherido a otro cromosoma en el cuerpo de Paige, ella sería como usted y no tendría evidencia. A diferencia de usted, el cromosoma extra no supo dónde adherirse".

En ese momento me sentía muy perturbada, y cuando colgué el teléfono, rompí en un llanto profundo. Lo que una vez fue mi vida normal—que estaba tan controlada—se había convertido en algo incontrolablemente roto.

Mi Regalo Perfecto

Un informe malo tras otro llenaban las primeras dos semanas y media de la vida de Paige, y yo sabía que todos los problemas en su cuerpo solamente disminuirían la oportunidad de que ella venga a casa. Necesitaba un tiempo para estar a solas, para procesarlo todo. Y la única idea que se me vino a la mente fue de ir a ver a mis padres, quienes vivían a unas dos horas de distancia. Era apartado, pero no muy lejos—parecía un buen lugar a donde ir.

Llamé a mis padres por teléfono y los puse al corriente, y pregunté si podía ir a visitarlos. Ambos querían ayudar de cualquier manera posible así que mi esposo pidió tiempo libre en el trabajo para estar con Paige en el hospital y yo me dirigí al oriente de Texas.

No sabía lo que sucedería mientras estaba allá. No había agenda alguna. Simplemente parecía ser lo que necesitaba hacer. Mis padres viven en un terreno de más de sesenta acres, apartados del ajetreo de la ciudad. Era un lugar apacible. Le pusieron el nombre de "Canyon Pines". El terreno está marcado por álamos temblones y pinos, y hay senderos por todas partes. Su modesta casa da hacia una laguna artificial con un muelle para pescar y un bote de remos. Hay algo especial cuando estoy con mis padres y en su terreno que me trae sentimientos de consuelo. Aunque iba en busca de consuelo, no tenía idea de que lo que estaba a punto de experimentar daría un enorme giro a mi vida.

Crecí en la iglesia, pero tenía muy poco conocimiento de la Biblia. Conocía las historias básicas para niños que se enseñaban en la escuela dominical, pero no sabía mucho de la Escritura. Estoy segura de haber leído algunos versículos a lo largo de los años, pero no tenía ningún favorito ni tampoco tenía algún entendimiento de su significado. Sin embargo, durante este tiempo en el oriente de Texas, Dios me encontró.

Una mañana, muy temprano, decidí ir a correr por los senderos. Me encantaba estar afuera y estaba disfrutando del aire frío de la mañana cuando empecé a tener pensamientos inusuales. Continuaba escuchando lo mismo una y otra vez.

¿De dónde vienen esos pensamientos? Suenan como las Escrituras.
Toda buena dádiva desciende de lo alto.
Toda buena dádiva desciende de lo alto.
Toda buena dádiva desciende de lo alto.

Las palabras parecían salir de la nada y captaron mi atención total. Me detuve en medio del sendero y no me moví. *¿Qué está pasando aquí? Nunca había escuchado esas palabras. ¿De dónde vienen? ¿Qué significan?* Me senté en el tronco de un árbol cercano y pensé en esas palabras.

Yo sé que Dios está arriba. ¿Estas palabras tienen que ver con Dios? No podía pensar nada más que esto. *Estos pensamientos tienen que ver con Dios. Si toda buena dádiva viene de lo alto, entonces toda buena dádiva debe venir de Dios.* Era como si Dios estaba tratando de hablarme. Dios nunca me había hablado, pero si lo hizo, yo no lo supe. ¡Nunca había sido como esto!

Ahora estaba completamente alerta. *¿Qué tratas de decirme, Dios? ¿Qué estás diciendo? Si toda buena dádiva viene de Dios, entonces qué regalo me has dado?* Esperé para ver si podía escuchar algo más. *Paige—¿Paige es el regalo? ¿Es eso lo que estás diciendo?* Si Paige es el regalo, entonces ella debe ser un buen regalo porque yo estaba escuchando que toda buena dádiva viene de Dios.

Algo empezó a suceder en mi interior. Empecé a tener este conocimiento. Empecé a saber que esas palabras que yo estaba oyendo estaban dirigidas a *mí*. No podía dejar de pensar en esas palabras, y no podía dejar de pensar en Dios que daba buenos regalos.

Pude sentir la emoción surgir dentro de mí—emoción que no podía contener por el regalo que Dios me había dado. Surgió en mí como una fuente, y en esos momentos, empecé a ver a Paige de una manera distinta. Empecé a verla como un regalo.

Algo más estaba sucediendo. No solo que ahora sabía que Paige era un regalo, sino que una intensidad de gozo estaba viniendo sobre mí—la desesperanza y la desesperación se habían ido. Volví a tener energía y me sentía más como la persona que solía ser. Definitivamente, algo estaba cambiando.

Energizada por la emoción, apenas podía esperar regresar a la casa para contarles a mis padres lo que había sucedido y volver a mi hogar para ver "mi regalo"—el regalo perfecto que Dios me había dado.

Toda buena dádiva y todo don perfecto descienden de lo alto. (Santiago 1:17)

¡Paige debe ser perfecta!
Nunca había visto esta Escritura, y ni siquiera sabía que existía en la Biblia. Sin embargo, fue en ese momento, en medio del sendero, cuando sentí como Dios me hablaba. El nacimiento de Paige empezaba a tener propósito. De alguna manera, lo que acababa de escuchar me hizo sentir escogida, honrada y facultada.

Escogida: Fui escogida para ser la mamá de Paige. *De todas las personas a quienes Dios pudo haberles dado a Paige, Él me escogió a mí.* Yo fui escogida.

Honrada: *Ya que Paige iba a nacer en este mundo, Dios quería que yo la cuidara. Dios debe confiar en mí.* Fue como si Dios estuviera viéndome con mucho respeto, dándome el privilegio de cuidar a alguien con necesidades diferentes.

Facultada: Estas palabras de parte de Dios me dieron una perspectiva diferente. Se me había dado la perspectiva de Dios en mi situación, y esta me fortaleció. Me sentí animada. Me sentí más preparada para enfrentar mi realidad.

Definitivamente, algo había cambiado en mí. Tenía un nuevo par de lentes. Tenía una nueva visión de mis circunstancias actuales. Ahora veía a Paige como un regalo. Un buen regalo. La vi a través de los lentes de perfección. *¡Ella es perfecta! Sin importar la manera que se ve por fuera, hoy y en los días venideros, sigue siendo perfecta.*

Difícilmente podía esperar para contarles a todos lo que Dios me había dicho. ¡Quería compartir la buena noticia! Quería que supieran lo que Dios pensaba de mí y de Paige. Él me había "escogido" para ser la mamá de Paige. Él "confiaba en mí". Ella es "mi regalo" de Dios.

Sin importar lo que pase, "¡Ella es perfecta!".

Calidad de Vida

*Porque Yo sé los planes que tengo para vosotros», declara el Señor,
planes de bienestar y no de calamidad, para darles un futuro
y una esperanza.*
Jeremías 29:11

LA EXPERIENCIA QUE TUVE en el oriente de Texas fue un punto de inflexión muy importante en mi vida. En lo que a mí concernía, había descubierto la respuesta a todos los problemas que enfrentábamos. Ahora, yo sabía que Paige era un regalo; sin embargo, no pasó mucho tiempo para que me diera cuenta de que otras personas no tenían esta misma revelación. Había estado fuera solo un par de días, pero a mi regreso al hospital para ver a Paige, enfrenté mucha resistencia. Tuve que sacudirme las palabras que me decían, así como también las actitudes. No esperaba esto; sin embargo, sabía que no iba a permitir que estas cosas me robaran el gozo.

Paige nació a finales de febrero, casi al final del invierno en Texas. Ya habían pasado dos semanas de marzo y nos acercábamos a la primavera. No pude evitar observar cuán brillante estaba el sol y cuán frío y vigorizante se sentía el aire. Todo era tan refrescante y alentador para mí porque estaba consciente nuevamente de estas cosas. Hasta ahora, yo no había podido ver más allá de nuestras circunstancias para experimentar la vida que me rodeaba. Consciente del ritmo de mis pasos y de la energía inexplicable y del gozo en mi corazón, atravesé las puertas principales del hospital, ¡lista para empezar a vivir!

¡Estoy lista para empezar a vivir con mi hermoso regalo!

El hospital se había convertido en nuestro hogar remoto, pues mi esposo y yo estábamos allí todos los días, y descubrí que me sentía más en paz cuando yo estaba allí con Paige. Tomé su mano, le hablé y le puse música. Hasta ahora, a nadie se le había permitido cargarla. Pero esto estaba por cambiar.

Paige tiene tres semanas de edad, y me toca cargarla.

No estaba segura de qué esperar, pero sabía que era un momento significativo. Nos dijeron que solo una persona podía cargar a Paige hoy, y la decisión unánime fue que yo sería quien la cargaría primero. La había llevado en mi vientre durante siete meses y le había dado la vida, pero nunca la había cargado en mis brazos, ni siquiera por un momento.

Uno de los requerimientos antes de entrar al intensivo era ponerse una bata y lavarse las manos durante tres minutos. Este proceso pareció muy largo ese día ya que yo sabía que tan solo en unos momentos estaría cargando a Paige. No podía llegar allí lo suficientemente rápido. Luego de terminar los tres minutos de lavado y de secarme las manos, me sentí lista para entrar por esas puertas—las puertas que me llevarían hacia Paige. Mi esposo tenía una cámara de fotos y una de video para captar este momento especial, no solo con nuestra hija, sino con ¡nuestro regalo!

Nos dirigimos directamente hacia Paige, y me di cuenta de que alguien había colocado una mecedora de madera al lado de su incubadora. Sabiendo que era un día especial, el personal de enfermería vino a saludarnos.

"¿Está lista?", preguntó una enfermera.

"¡Estoy lista!". No tuvo que preguntármelo dos veces. Sentada en la mecedora, puse mis manos en posición para recibir a Paige—"mi regalo".

Eso no facilitó la transición de Paige a mis brazos porque ella estaba conectada a un montón de sondas y equipo médico. Con mucha emoción, vi a las enfermeras quitar del paso todas las sondas y el equipo—las sondas y los cables parecían estar por todas partes. Después de quitar todo del camino, levantaron a Paige, la sacaron de la incubadora y la colocaron en mis brazos.

Una vez que su cuerpo pequeñito tocó el mío, experimenté la realidad de lo que extrañaba. En ese momento, estaba abrumada por la magnitud de la intimidad que sentí con ella. Fue una sensación completamente nueva para mí. Sin duda, habíamos tenido un momento así cuando nuestros ojos se encontraron por primera vez; sin embargo, había algo respecto a tenerla en mis brazos que borró cualquier duda de que yo era su mamá.

Ella me necesita. Necesita estar así, tan cerca de mí, como sea posible. Necesita saber que es muy amada.

Mientras sostenía a mi hija, me estaba llenando. Sentí el calor que compartíamos y supe que se estaba creando una unión entre nosotras. Habíamos vuelto a conectarnos, esta vez fuera del vientre. Mi corazón estaba llenándose de gratitud por esta pequeña niña en mis brazos—llamada Paige.

En poco tiempo, las enfermeras empezaron a reunir las sondas y volvieron a colocarla en la incubadora. Nos informaron que ella podía estar solamente cinco minutos fuera de la incubadora. Aunque esos cinco minutos pasaron rápidamente, yo sabía en mi corazón que las cosas estaban cambiando.

Yo tengo una gran actitud, veo la vida a través de un nuevo juego de lentes, y ¡la vida que veo es la mía con Paige!

Era difícil de creer que en una semana Paige cumpliría un mes de edad. Habían pasado muchas cosas durante ese tiempo. Yo había dado a luz inesperadamente. Paige había recibido múltiples diagnósticos médicos; y la angustia había entrado en mi corazón una y otra vez. Lo más importante, había tenido un encuentro con Dios que me ayudó a ver esta situación con un nuevo juego de lentes.

¡Paige es un regalo!
¡Ella es mi regalo!
¡Me han confiado su cuidado!
¡Fui escogida entre muchos!

Aproximadamente una semana después de haber cargado a Paige, recibimos una llamada del Centro de Estudio Infantil.

El representante nos dijo, "Paige tendrá problemas mentales".

Escuché esas palabras de la misma forma en que había oído todas las otras; sin embargo, por alguna razón, esta información no tuvo efecto alguno en mí.

Además de la llamada del Centro de Estudio Infantil, uno de los doctores llamó diciéndonos que habían descubierto otro problema.

"Los estudios posteriores han revelado que hay líquido acumulándose dentro de la cabeza de Paige". Cuando yo no respondí, me dijo, "En realidad está dentro del cerebro. Este líquido no debería estar allí". Lo llamó hidrocefalia.

Yo no sabía qué hacer con esta información nueva, pero nada de eso me perturbó.

Una semana después, el teléfono volvió a sonar. Me pregunté si era del hospital, pero esta vez, el pensamiento no me molestó. Efectivamente, era el neonatólogo principal, asignado a Paige.

"Le estoy llamando para programar una conferencia con usted hoy a las tres de la tarde", dijo. "Se va a reunir conmigo y con una de las enfermeras de la unidad. Quisiéramos hablar con usted y con su esposo sobre una decisión que debe tomarse. Esta decisión se refiere a los procedimientos quirúrgicos continuos de Paige".

¡¿Qué es lo que estoy escuchando?! ¿Qué significa? ¿Qué nos están pidiendo que hagamos?

Unas pocas horas después, mi esposo y yo estábamos sentados en un salón con el Dr. A. y la enfermera J. Era un salón sencillo con una mesa y unas cuantas sillas—no había imágenes en las paredes ni nada que pudiera hacerlo a uno sentirse cómodo y esperanzado. Sin rodeos, ellos abordaron directamente el objetivo de esta reunión. Escuché básicamente las mismas palabras que me habían dicho por teléfono. La única diferencia fue que esta conversación era frente a frente.

El doctor dijo, "Es nuestra opinión médica profesional que hacer más intervenciones solamente prolongaría una vida que no va a ser de buena calidad". Y luego dijo algo sobre "una calidad de vida pobre".

¿Calidad de vida pobre? Esas palabras fueron las que más me impactaron, haciendo eco en mi cabeza—"una calidad de vida pobre".

Estaba anonadada. *¿Cómo puede un doctor, que ayuda a la gente a sanar, decir que no quiere hacer nada más para ayudar? ¿Le han pedido a alguien más tomar esta decisión? ¿O somos nosotros los primeros? Nunca había escuchado algo como esto.*

Nos pidieron que lo pensáramos y que les diéramos una respuesta después. Sin decir palabra, mi esposo y yo salimos de esa reunión, y fuimos directamente a ver a Paige.

Al pasar por las puertas de la Unidad de Terapia Intensiva, me aproximé a la incubadora donde estaba Paige y vi su cama. *Ella no se ve bien.* Aunque su peso había aumentado a cuatro libras, su cuerpo estaba muy hinchado, y parecía estar sufriendo. Su rostro y sus ojos estaban muy desfigurados. *Algo no se ve bien.* Fue difícil verla de este modo, y todo lo que vi me entristeció. Continué mirándola mientras las palabras de tener una "pobre calidad de vida" resonaban en mi mente. Me incliné para darle un abrazo y un beso a Paige, y le dije que regresaría.

Cuando me alejé, los pensamientos saturaban mi mente. *Tenemos que tomar una decisión enorme. Los doctores esperan que nosotros decidamos el futuro de Paige. No puedo comprender el hecho de que se nos haya pedido que tomemos esta decisión. ¿Quién puede definir lo que es la calidad de vida? Quiero saber la respuesta a esta pregunta.*

Me propuse encontrar la respuesta.

No estaba segura adónde ir primero, pero luego, pensé en la biblioteca. En aquel entonces no teníamos Internet, así que la biblioteca parecía un buen lugar donde empezar. Comencé tomando de las estanterías cualquier libro que mencionaba "calidad de vida". Después de reunir varios libros, me senté en una mesa y abrí el primero. Al hojearlo, vi por primera vez, fotografías de niños con problemas de cromosomas y su apariencia. Me quedé leyendo sobre sus vidas y las limitaciones que enfrentaban. Continué buscando, y seguí leyendo.

Mientras trataba de entender el significado de estas imágenes, pensé, *No sabemos cómo será la vida de Paige. ¿Quién puede asegurar que su vida va a ser como la de los niños en las fotos? ¿Quién puede predecir lo que podrá o no ser capaz de hacer? ¿Quién debe determinar lo que es la calidad de vida? ¿Los doctores? ¿O Dios?* Los pensamientos que habían dado vueltas en mi cabeza apenas unos días antes, inundaron mi mente. *Paige es un regalo. Ella es un regalo que viene de Dios.*

¿Acaso había olvidado ya cuán emocionada estaba porque Dios me había confiado la vida de ella? ¿Acaso me había olvidado ya de que Dios me había escogido de entre la multitud? ¿Había olvidado acaso cuánto me habían fortalecido y animado estos pensamientos? ¿Había olvidado cuán facultada me habían hecho sentir estas palabras? ¿Había olvidado ya cuán honrada me sentía por ser la mamá de Paige?

Mientras estaba allí, pensando, algo empezó a surgir nuevamente en mi interior y empecé a sentir que la fortaleza regresaba a mi cuerpo. Empecé a sentir paz en mi corazón. Empecé a sentirme triunfadora. Empecé a sentir que tenía una opinión. Empecé a sentir como si tuviera una voz. ¡Sí! Tenía una voz para la vida de Paige, y mi voz había decidido declarar:

> Dios me ha dado a Paige.
> Ella es un regalo.
> ¡Es perfecta!
> ¿Quiénes somos nosotros para decir cómo debe ser la calidad de vida?
> ¿Quiénes somos para tomar esta decisión?
> Dios tendrá la última palabra sobre su vida.
> ¡Sí! ¡Dios tendrá la última palabra!

Encontré lo que buscaba, y ya no tenía más que hacer en la biblioteca. Volví a colocar todos los libros y salí. Una vez más, sentí que la esperanza surgía dentro de mí por la vida de Paige, todas mis cargas desaparecieron. Ya era tarde, así que no podía regresar a ver a Paige. *La veré mañana.*

A la mañana siguiente, desperté con un corazón agradecido. Había resuelto el conflicto acerca de lo que los doctores querían que hagamos mi esposo y yo. Ambos estábamos de acuerdo—y existe poder en el acuerdo—en que Dios tendría la última palabra en la vida de Paige. No podía esperar a verla.

Para ese tiempo, yo conocía la distribución del hospital, la manera más rápida de estacionarme y la manera más fácil de llegar a la Unidad de Terapia Intensiva. Cuando entré a la Unidad, el personal de enfermería se me acercó trayendo noticias sorprendentes. Paige se había quitado el respirador durante la noche. Hasta ese momento, ella había estado conectada a un respirador para que le ayudara a respirar. Las enfermeras me dijeron que Paige se lo había quitado alrededor de la media noche. Para sorpresa de todos, Paige estaba realmente muy bien.

¿Qué debería hacer yo con esta noticia?

Me acerqué a la cama para ver por mí misma y no podía creer lo que veía. En cuestión de veinticuatro horas, Paige había cambiado. Cuando la vi en ese momento, se veía muy cómoda. Ya había perdido parte del exceso de líquido que tenía en el cuerpo y se veía bien. Empecé a preguntarme, *¿Es esta una señal?*

Aunque no sabía mucho de Dios y de señales, eso fue lo que vino a mi mente. Era obvio que Paige estaba mejor y, por primera vez desde que nació, la escuché llorar.

Ella se quitó el respirador. Quizá esté tratando de decirnos algo. ¡Quizá nos está diciendo que está bien viva! No podía negarse que algo extraordinario había sucedido. Yo lo sabía, y también lo sabían los demás.

¡Paige respiraba por sí misma! Teníamos algo positivo a que aferrarnos. Sin embargo, recibimos un amable recordatorio de que Paige necesitaba otra cirugía para ayudar a corregir la hidrocefalia que había desarrollado.

Un poco de contexto: La hidrocefalia se produjo a causa de un sangrado cerebral después de que Paige nació. Por ser prematura, su cerebro estaba aún en desarrollo, y los vasos sanguíneos aún crecían rápidamente. Muy probablemente, la hemorragia sucedió el día después del nacimiento de Paige, cuando la operaron para unir su esófago al estómago. El sangrado era categoría dos. Nadie espera ver alguna evidencia, pero lo vimos. El líquido cefalorraquídeo estaba acumulándose dentro del cerebro de Paige y provocando presión que podía causar un daño cerebral mayor. Ella necesitaba que le colocaran una derivación en su cerebro para que el líquido drenara a otra parte de su cuerpo, donde pudiera ser reabsorbido.

Este nuevo cambio era una de las razones por la que los doctores nos hablaron de no continuar con intervenciones médicas. Durante esta reunión, también nos recordaron que todo órgano importante en el cuerpo de Paige estaba en peligro, y casi todo tipo de especialistas la estaban monitoreando.

Sabíamos que los doctores esperaban nuestra respuesta respecto a continuar con intervenciones quirúrgicas; sin embargo, antes de que pudiéramos discutirlo con el doctor A. y la enfermera J., esta cirugía ya estaba programada para la primera semana de abril. Nosotros no dijimos nada.

Llegó el día de la operación, y colocaron la derivación en el cerebro de Paige. El cirujano nos dijo, "Ella ha logrado soportarlo." Me parecieron palabras vacías y antipáticas. Los días siguientes estuvieron ocupados llevando a cabo procedimientos más pequeños, y otros doctores pasaron a ver cómo seguía Paige. El neonatólogo principal dejó de llamar, y nosotros estábamos felices por esta falta de comunicación. Por primera vez desde que Paige nació, las cosas parecían estar más *"normales"*. Ella aún necesitaba una cirugía del corazón, y no estaba lista para venir a casa, pero las cosas se sentían más tranquilas.

Sin embargo, no logramos experimentar esta sensación de "normal" por mucho tiempo—pero, pasaron unas dos semanas antes de que el teléfono volviera a sonar. Era una llamada del hospital. Cualquiera pensaría que para este tiempo yo ya estaba acostumbrada a esto, pero no lo estaba. Cada vez que llamaban, yo sentía que tenía que prepararme para lo que iba a escuchar.

Era nuevamente uno de los neonatólogos, y esta vez dijo, "La derivación no está funcionando. Un ultrasonido de la cabeza mostró líquido en el cerebro de Paige y posibles coágulos".

Aunque no lo dijo abiertamente, pude percibir que él no recomendaba esta cirugía. Después de colgar el teléfono, me quedé ahí, parada, por un momento. Esta llamada me molestó. No estaba segura de qué pensar acerca de todo—el doctor, sus palabras, o el hecho de que Paige tendría que atravesar otra cirugía más. *Hicimos que atravesara esta operación, y no funcionó.* Mi esposo y yo sabíamos que nadie nos apoyaba para continuar con la intervención médica. Lo único que ambos sabíamos en ese momento era que, "Dios tendrá la última palabra en la vida de Paige".

Le comuniqué esta nueva información a mi esposo. Nos propusimos solicitar la cirugía.

En ese entonces, yo compartía una oficina con otro oficial de probatoria, así que esperé hasta estar a solas para llamar por teléfono. Tomé una respiración profunda, y marqué el número del hospital. Cuando la enfermera vino al teléfono, pude percibir mi voz temblorosa, e hice todo lo que pude para no llorar. La enfermera sabía que me estaba costando hablar y comunicar lo que quería decir. Cuando finalmente pude hablar, dije, "Sé que no comprende, y que nadie concuerda en que debamos hacer que Paige se someta a más cirugías, pero mi esposo y yo estamos dando la orden para que se haga esta operación".

No dijeron ni una palabra.

Paige fue sometida a la cirugía. Durante el procedimiento, el cirujano encontró un coágulo localizado dentro de la derivación, así que pudo limpiarlo en vez de reemplazar toda la válvula. Para nosotros, ¡esta era una noticia fabulosa!

Sin embargo, esa noche, cuando fuimos a ver a Paige, uno de los muchos doctores asignados a ella estaba en la Unidad de Terapia

Intensiva. Yo estaba muy emocionada de que hubiera una explicación sencilla del porqué no había estado funcionando y no que fuera el cuerpo de Paige el que la rechazaba y no pude dejar de expresarle mi emoción. Sin embargo, no solo no compartió mi entusiasmo, sino que lo rechazó y respondió con palabras desalentadoras.

"Yo no recomiendo hacer más cirugías".

No podía creer lo que acababa de escuchar. *Estas palabras siguen allí. No se han olvidado, y ahora vienen de otro doctor. Yo estoy confiando que Paige vivirá, y otros creen que morirá.*

El Viaje en Limusina

Porque Dios no es Dios de confusión, sino de paz.
1 Corintios 14:33

DURANTE LA NOCHE, repasé mentalmente lo que había escuchado decir al doctor, lo cual hizo que pasara la noche dando vueltas en la cama. Dormí poco. Al amanecer, estaba de regreso en el hospital. Pero cuando entré a la habitación donde Paige había estado durante dos meses, no estaba allí. Mi corazón se detuvo por un momento. Manteniendo en control el sentimiento de susto, les pregunté a las enfermeras dónde estaba Paige y ellas me dijeron que la habían trasladado al piso de arriba.

¿Arriba? ¿Qué significa eso? ¿Por qué la trasladaron?

Pasé de largo el elevador y subí por las gradas a buscarla. Cuando encontré a Paige, ya no estaba en una incubadora; ahora estaba en una cuna. Se veía hermosa, aunque mi mente seguía tratando de entender lo que estaba sucediendo.

¿Por qué está Paige en una cuna? ¿Qué pasa aquí?

Le pregunté a la enfermera, "¿Por qué trasladaron a Paige?".

"La trasladamos al piso superior", me dijo "para que usted pueda pasar tiempo a solas con ella".

¿Tiempo a solas? No voy a recibir esas palabras sobre la vida de Paige. Dios tiene la última palabra.

Unos días después, aunque Paige no estaba bien, me hallaba haciendo compras para ella. Adquirí un par de trajecitos para prematuros. Tenía solamente dos semanas de haber regresado al trabajo, pero ya estaba impaciente por ver a Paige para ponerle su ropa nueva.

Estaba emocionada cuando llegué a la Unidad de Terapia Intensiva, y la enfermera asignada a Paige se dio cuenta de mis compras.

"Ella está muy enferma", dijo la enfermera.

Escuché esas palabras, pero también escuché lo que ella no decía, "No se haga ilusiones". Sin dudar, le respondí, "Bueno, tiene que verse bien mientras mejora". *¿Por qué nadie puede estar de nuestro lado?*

No era que no quería reconocerlo. Yo veía lo mismo que todos los demás. Externamente, Paige no estaba mejorando. Estaba teniendo complicaciones y, por último, la derivación no estaba funcionando otra vez. Le medían diariamente la circunferencia de su cabeza, y esta continuaba aumentando de tamaño. Debido a que ya habíamos decidido que "Dios es el que tiene la última palabra sobre la vida de Paige", mi esposo y yo sabíamos que íbamos a autorizar otra cirugía. Aunque no todos estaban de acuerdo, sabían que ella no sobreviviría sin la operación.

Programaron la cirugía, y ese día yo me levanté temprano, lista para hacer mi llamada telefónica diaria al hospital. A estas alturas, yo ya sabía muy bien que el turno cambiaba a las siete de la mañana, así que esperé hasta las 7:15 para llamar.

"Buenos días. Estoy llamando para saber cómo está Paige. ¿Puede decirme la medida de su cabeza?".

Pude escuchar que la enfermera hojeaba el expediente, y me dijo despreocupadamente "La medida es 38.5".

Mis ojos se pusieron enormes cuando escuché este número. *Esta medida es relevante. Si escuché correctamente, significa que el tamaño de su cabeza ha disminuido.* Le pregunté nuevamente para asegurarme de haber escuchado correctamente.

Ella repitió el mismo número, y sí, yo había escuchado bien. Esta medida era menor que la del día anterior, ¡lo que indicaba que la derivación estaba funcionando! Lista para saltar de alegría, sabía que necesitaba hacer algunas llamadas. *¡Debemos detener la operación!*

Al no poder localizar a un doctor, llamé a otro, y dejaba mensajes en todas las llamadas. No sabía si alguien más lo había notado, pero estaba determinada a que todos le prestaran atención a esta noticia. Necesitaban saber que el tamaño de la cabeza de Paige había disminuido. Yo creía que esta era otra señal. Fue como si se nos hubiera dicho que no hagamos la operación porque ella no la necesitaba. El cirujano la canceló, lo cual me dio una sensación de alivio enorme.

Al anochecer, estaba parada al lado de la cama de Paige. Justo entonces, uno de sus doctores entró a la habitación y se paró a la par mía. Era el mismo doctor cuyas palabras me habían hecho dar vueltas en la cama toda la noche.

"No puedo creer lo que pasó hoy", me dijo. "No sé si lo llamaría una obra de Dios, pero usted debe haber llevado una vida demasiado buena".

Yo estaba un poco sorprendida, no podía creer las palabras que acababa de escuchar. Me quedé asombrada y sentí felicidad en mi corazón, me di cuenta de que uno del equipo médico había hablado unas palabras positivas.

Los doctores nunca volvieron a pedirnos una respuesta con respecto a la intervención médica. Creo que empezaron a entender lo que siempre sería nuestra respuesta, y Paige continuó mejorando.

Paige ya tenía tres meses de edad, y estábamos más que listos para llevarla a casa aunque todavía necesitaba otra operación, una cirugía para arreglar su corazón. Nos reunimos con el cirujano cardiovascular, quien llevaría a cabo la operación; ella repasó todo el procedimiento y el riesgo.

Esta operación me puso al mismo tiempo nerviosa, emocionada y asustada. Estaba emocionada porque Paige estaba finalmente lo suficientemente saludable para tenerla. Sin embargo, era aterrador de todas formas. No podía evitar pensar en la posibilidad de que habíamos llegado hasta este punto y aún podíamos perderla. También recordé que habíamos vivido complicaciones en las cirugías, así que mi esperanza era que no encontráramos más problemas. No había manera de evadir esta operación, Paige no podría ir a casa sin tenerla. La única manera de avanzar era seguir adelante.

Al prepararnos, el anestesiólogo nos dijo que había quince minutos durante la cirugía que eran los más críticos—es cuando desinflan el pulmón y lo hacen a un lado. Yo pensé que nos estaba diciendo todo lo que necesitábamos saber, sin embargo, esta información solamente lo volvía más difícil. Se llevaron a Paige al quirófano a las 11:20 de la mañana. Fue extremadamente difícil darle un abrazo y besarla y decirle "te amo". Cada vez que ella atravesaba una cirugía, mi corazón anhelaba verla viva nuevamente.

Después de ver a Paige atravesar las puertas dobles, mi esposo y yo nos dirigimos hacia la ya muy conocida sala de espera que ahora estaba llena de familiares y amigos. Es difícil esperar sabiendo que un ser querido está en el quirófano. Todos tratan de ayudar a que el tiempo pase más rápidamente conversando superficialmente. Las emociones se agudizan, así que uno no quiere profundizar. Nadie salió de la sala hasta que vimos al cirujano aparecer por la puerta a las

El Viaje en Limusina

4:00 de la tarde para decirnos "Ella está bien". Paige iba en camino a la unidad de recuperación, y yo deseaba verla.

Sin embargo, cuando la vi, Paige tenía cortadas en todo su cuerpo. *¿Qué es esto?*

Al preguntarle, la enfermera me respondió, "Les costó mucho encontrar una línea arterial. El cirujano está preocupado porque eso indica que los tejidos de Paige son muy frágiles".

En general, el cirujano estaba muy complicado con la colocación de la derivación en el corazón de Paige. Aunque no me gustaron los cortes, acepté la respuesta.

Ahora que esta cirugía había pasado, me estaba emocionando cada vez más. Las cosas iban por el camino correcto. Todas las enfermeras empezaron a detenerse para ver a Paige, y uno de los doctores, que había sido muy negativo, también parecía satisfecho. Incluso, dijo, "Si podemos hacer que Paige respire por sí misma, se la podría llevar a casa".

Mis ojos se iluminaron. Nadie nos había dicho nada sobre la posibilidad de que Paige viniera a casa. ¡Esto fue realmente emocionante!

Cuando empecé a pensar en la posibilidad verdadera de que Paige viniera a casa, tuve una idea. *¡Paige irá a casa en una limosina!* Compartí esto con mi esposo y la decisión fue unánime.

Pero aún no había terminado todo. En medio de toda esta algarabía, los doctores nos informaron que Paige necesitaba aún otra operación. *¿Otra cirugía?* Esta noticia salió de la nada. Yo pensé que habíamos terminado con las cirugías— y, además, de alguna manera esta noticia parecía un revés, como si las cosas hubieran cambiado. Ahora, los doctores nos estaban diciendo que necesitaban hacer otra intervención, y yo era la que no podía soportar la idea de hacer que Paige pasara por otra. *¿Qué operación podía necesitar? Espero que no hayamos restaurado a Paige solo para obligarla a pasar el resto de su vida sometida a operaciones.*

No había opción. "¿Qué sigue?".

"Paige no está tragando bien".

Yo estaba enterada de eso, pero ya que ella nunca había recibido un biberón, pensé que podíamos empezar por allí. ¿Por qué la cirugía?

"Es más que eso", dijeron. "Necesita que le coloquemos una sonda de alimentación en el estómago".

¿Una sonda de alimentación? ¿Nunca había escuchado algo así?. El personal del hospital nos mostró cómo sería esta sonda de alimentación. La llamaban "botón G".

"Ella va a comer de esta manera", dijo el doctor.

¿Comer de esta manera? No puedo creer que Paige vaya a comer a través de su estómago. Esto no tiene sentido alguno para mí. Yo tenía una manera de pensar y sentimientos fuertes al respecto, pero ¿qué podía decir? Ella no se podría ir a casa sin la sonda.

"Ella podrá ir a casa diez días después de esta cirugía".

¡Qué! ¡Diez días! ¡Estamos a diez días de que Paige venga a casa! Después de cuatro meses, la llegada de Paige a casa se volvía finalmente una realidad. *¿Su dormitorio? ¡No está listo! Necesitamos conseguir muebles para su habitación.*

Repentinamente, todo sucedía muy rápido, y no estábamos preparados.

Aunque habíamos escuchado diez días, era solo una conjetura. Ahora, muy emocionados, todos en la familia empezaron a jugar de "¿Quién puede adivinar la fecha en que Paige vuelva a casa?". Todos asegurábamos saber la fecha en que llegaría a casa.

Mi esposo y yo nos inscribimos en clases de resucitación cardiopulmonar (RCP), y yo calendaricé las visitas a los doctores, a medida que ellos ordenaban pruebas finales para Paige. Mientras tanto, estaba aprendiendo cómo organizar todo el equipo médico que Paige necesitaría en casa.

¡Estamos en el momento de la llegada a casa! Al menos eso era lo que pensábamos.

Nuestros últimos días llegaron con otro obstáculo—habían encontrado algo nuevo dentro del cerebro de Paige durante la última tomografía.

"Hay un área oscura, sospechamos que es un tumor", nos dijo el doctor. "Quisiéramos hacer una tomografía de contraste para ver si es cierto".

Mi corazón se hundió hasta el suelo en completa incredulidad ante sus palabras. *No puedo creer que estemos tan cerca de irnos a casa, y ¡ahora Paige podría tener un tumor!*

El doctor podía notar que yo estaba emocionalmente bloqueada. Por primera vez, desde que nació Paige, el neonatólogo trataba de consolarme.

Al día siguiente, le hicieron una tomografía combinada, pero tuvimos que esperar veinticuatro horas por los resultados. Después de que esas largas horas pasaron, llamé al doctor para saber los resultados del examen.

Él sabía por qué lo estaba llamando y dijo inmediatamente, "¡El área oscura *no* es un tumor!". No sabemos qué es. Podría ser sangre o tejido viejo de una cirugía anterior.

Después de *"¡no es un tumor!"*, ya no escuché nada porque, a lo que a mí respecta, no me importaba lo que era. *¡Son noticias magníficas! ¡Todos los resultados están listos, y Paige va a casa!*

En toda mi alegría de que Paige iba a casa, había olvidado la conversación que había tenido con la recepcionista en mi trabajo acerca de no querer ir a trabajar al día siguiente. Y, tal como resultó, no fui a trabajar al día siguiente. Cuando dije esas palabras, no tenía idea alguna de que estaba por dar a luz. Tampoco tenía idea de cómo sería mi vida durante los cuatro meses siguientes.

Paige tiene cuatro meses de edad y va a casa. Eso era todo lo que podía pensar. El neonatólogo que había visto a Paige desde que nació nos ayudó a vestirla mientras tomábamos muchas fotografías. Un par de enfermeras llegaron a visitar a Paige.

Una enfermera nos dijo, "Nunca he visto salir de aquí a un bebé que tuviera tantas cosas en su contra". Ella estaba a punto de llorar. Cuando la escuché decir eso, sentí escalofríos en todo el cuerpo.

Les agradecimos a todos, nos despedimos y pusimos a Paige en su carruaje. Con gozo en mi corazón, mi esposo y yo llevamos a Paige hacia el elevador. Una vez dentro, mi esposo oprimió el botón para el primer piso. Y tan pronto como se abrieron las puertas, vimos la siguiente puerta que atravesaríamos—la puerta de salida. Estábamos a punto de dejar el lugar que había sido nuestro hogar durante cuatro meses. El lugar donde habían cambiado nuestras vidas. El lugar que estuvo lleno de familiares y amigos. El lugar donde habíamos derramado lágrimas, nos habíamos aferrado a la fe, donde buscamos el gozo y tuvimos conversaciones difíciles, donde sentimos temor y perseveramos a través de la adversidad. También fue el lugar donde nos sujetamos al amor, a las promesas de Dios y a que Él tendría la última palabra en la vida de Paige.

Ella no tenía ni idea de que la vida existía más allá de las paredes del hospital. Seguí empujando el carruaje hacia la salida, y cuando llegamos allí, mi esposo oprimió el botón para abrir la puerta automática. Cuando esta se abrió, atravesamos el umbral junto con Paige.

Estaba afuera. Paige había logrado salir del hospital.

En la calle, la limusina larga y blanca esperaba nuestra llegada. El conductor no nos conocía, pero sabía que éramos a quienes esperaba. Nos abrió la puerta del vehículo, luego se hizo a un lado mientras levantábamos a Paige del carruaje y la pusimos en su portabebé. Una vez dentro de la limusina, di un paso atrás y la miré. Estaba rodeada de globos rosados, pero lo que más me impactó fueron sus grandes ojos cafés. Una vez más, estaba conectándome con ella a través de esos grandes ojos cafés. Sin embargo, esta vez, en lugar de querer huir, me sentí increíblemente atraída hacia ella.

Yo sé que pase lo que pase, Dios tiene la última palabra.

Era el momento para que mi esposo y yo acompañáramos a Paige en la limusina. Al alejarnos, miré por la ventana el frente del hospital. Cada vez se alejaba más. Allí habíamos vivido por cuatro meses, pero yo sabía que no era nuestro hogar.

Hoy es el día en que vamos a casa, a vivir la vida con Paige.

La Bendición

Si saben esto, serán felices si lo practican.
Juan 13:17

YO TODAVÍA NO HABÍA VIVIDO CON PAIGE más allá de las paredes del hospital. Era obvio que mi situación actual era muy diferente a lo que había imaginado o planeado. *Tengo una bebé con desafíos médicos significativos. Tengo una bebé que conoce solamente una vida llena de trauma. Ha tenido doctores que no alentaban la intervención médica. No había ninguna garantía de que ella pudiera salir del hospital. No tengo manera de saber cómo será la vida de ahora en adelante.* Lo que había vivido hasta ahora no era lo que yo pensaba iba a ser tener un bebé. La vida ya no parecía "normal".

Cuando la limusina giró para entrar a nuestro vecindario, vi nuestro hogar en la distancia. A medida que nos acercábamos, vi nuestro jardín lleno de decoraciones—globos rosados y blancos—y letreros colocados estratégicamente, ¡todos dándole la bienvenida a Paige!

La limusina se detuvo frente a la casa. ¡Llegamos a nuestro hogar! Mi esposo y yo salimos del vehículo, ambos nos dirigimos hacia Paige. Estábamos ansiosos de que ella viera su nuevo hogar y su nueva cama. La puerta del frente se abrió de golpe, y la gente salió corriendo. Las cámaras de fotos y de video nos rodearon. El aire estaba alegre y había muchas personas hablando al mismo tiempo.

No había otra cosa que hacer ese día, excepto celebrar la vida. Nuestra familia inmediata y algunos amigos tuvieron la oportunidad de cargar a Paige tanto como querían, sin sondas que salían o entraban de su cuerpo. Muchos hablaban del recorrido de cuatro meses que había pasado. Nadie habló del futuro de Paige, de cómo podría ser, porque ese día nada de eso importaba realmente.

Después de que el último familiar se despidió, cerré la puerta del frente y me quedé inmóvil en la entrada mientras mi corazón experimentaba una revelación más profunda y plena: *Voy a vivir la vida con Paige.*

Al pensar cómo iba a ser esta vida, decidí ir por el pasillo hasta el dormitorio de Paige. Cuando llegué allí, me quedé en la entrada y miré hacia adentro. Esta vez parecía diferente. Además de las paredes pintadas, ahora tenía muebles. Vi una cuna blanca con ropa de cama celeste, rosada y amarilla colocada contra la pared opuesta. A mi izquierda, había un tocador con un cambiador. Todo hacía juego con la ropa de cama. A la par de la cuna blanca, estaba una silla mecedora con una manta suave. Aunque la habitación tenía todo lo que uno ve regularmente en un cuarto de bebé, este no parecía el cuarto típico de un bebé.

El dormitorio de Paige también tenía varios equipos médicos dispersos por la habitación. Había una máquina que la llamábamos bomba canguro, colocada al lado de su cuna. Ya que ella no podía tomar su biberón por la boca, usábamos la bomba canguro para pasarle fórmula a través de su sonda durante la noche. Mirando bajo la cuna, vi una máquina negra y pequeña, era un monitor cardíaco. Era muy importante colocarle el monitor del corazón en la noche o en cualquier momento en que estuviera dormida. El monitor tenía una alarma que sonaba si ella necesitaba atención médica. Paige también requería tratamientos respiratorios cada cuatro horas, incluso durante la noche. La máquina para hacerlo estaba entre las demás, así como un oxímetro para medir la saturación de oxígeno en su sangre. Disfrazamos el equipo tanto como nos fue posible, pero no se podía negar ni ocultar el hecho de que su habitación se veía como un cuarto pequeño de hospital.

Las instrucciones que nos dieron antes de salir del hospital fueron muy extensas. Se necesitaban seis doctores de distintas especialidades para atender a Paige: el pediatra, el neurocirujano, el cardiólogo, el neumólogo, el neurólogo y el cirujano general. Además, teníamos una cita para reunirnos con alguien de Intervención en la Primera Infancia, y nos pidieron que continuáramos con las citas en el Centro de Primera Infancia. Si esto no fuera suficiente, nos animaron a asistir al grupo de apoyo al que habíamos ido una vez, llamado *Our Special Children* (Nuestros Hijos Especiales). Mi calendario estaba lleno de citas médicas. *¿Cómo voy a poder darle cabida a todas estas citas, cuidar a Paige y trabajar tiempo completo?*

Debido a los gastos enormes y a las condiciones preexistentes de Paige, el seguro médico era vital. Ella ya era un bebé de un millón de dólares, y nos enteramos de que el Banco de Londres había ayudado a pagar sus facturas. Mi esposo trabajaba por su cuenta, así que nuestro seguro médico lo teníamos a través de mi trabajo. Al no ver ninguna otra opción para mí, me preparé mentalmente para seguir en mi empleo hasta el retiro.

Puedo haber parecido no tener opción, pero sí la tenía. Es cierto que yo estaba algo inquieta en cuanto a cómo iba a llegar a todas esas citas y a trabajar tiempo completo. Tampoco sabía cómo iba a hacer todas las cosas médicamente necesarias para cuidar a Paige en casa. Sin embargo, opté por ver por encima de todo lo que tenía enfrente y decidí celebrar la vida de Paige y el regalo que Dios me había dado. Una vez más, necesitaba sacar de lo que había en mi interior.

¡Seguiré adelante sin mirar atrás!

Bienvenidos a Holanda

Muchas personas conocían nuestra historia, así que habíamos estado rodeados de mucha comunidad. Teníamos gente que quería ayudarnos de cualquier forma que podía. Muchos de nuestros vecinos nos llevaron comida, y me prepararon mi primer baby shower. Era como si todos podían finalmente respirar profundo y exhalar con alivio. Todavía recibíamos tarjetas por correo, y la gente nos daba constantemente palabras de ánimo. No recuerdo cómo recibí este poema, pero de todo lo que leí durante ese tiempo, este poema en particular me habló en lo personal más que cualquier otra cosa. Se llama "Bienvenidos a Holanda", por Emily Pearl Kingsley:[1]

> Muchas veces, me piden que describa la experiencia de criar a un hijo con una discapacidad—de tratar de ayudar a la gente que no ha compartido esa experiencia singular a entenderla, a imaginar cómo se sentiría. Es así.
>
> Cuando uno va a tener un bebé, es como planear un viaje de vacaciones fabuloso—a Italia. Uno compra un montón de libros para que lo guíen y ayuden con sus planes maravillosos. El coliseo romano. El David de Miguel Ángel. Las góndolas en Venecia. Puede aprender algunas frases útiles en italiano. Todo es muy emocionante.
>
> Después de meses de expectativa entusiasta, llega finalmente el día. Empaca sus maletas y se va. Varias horas más tarde, el avión aterriza. Habla la azafata y dice, "Bienvenidos a Holanda".
>
> Uno dice, "¿¿¿Holanda?!?". "¿Cómo que Holanda? ¡Yo me apunté para ir a Italia! Se supone que debo estar en Italia. Toda mi vida he soñado con ir a Italia".
>
> Pero hubo un cambio en el plan de vuelo. Aterrizaron en Holanda y allí debe quedarse.
>
> Lo importante es que no lo llevaron a un lugar horrible, desagradable, asqueroso, lleno de pestilencia, hambre y enfermedad. Es solamente un lugar distinto.

---

[1] ©1987 by Emily Perl Kingsley. All rights reserved. Reprinted by permission of the author. [Traducción libre, NdelT].

Tendrá que salir y comprar nuevos libros que lo guíen. Y se ve obligado a aprender un lenguaje completamente nuevo. Conocerá a todo un grupo de personas nuevas que nunca habría conocido.

Es solamente un lugar *distinto*. Es más lento que Italia, menos llamativo que Italia. Pero después de haber estado allí por un tiempo y recobrado el aliento, mira su entorno y empieza a obeservar de que Holanda tiene molinos de viento y que Holanda tiene tulipanes. Incluso, tiene Rembrandts.

Sin embargo, todos sus conocidos están ocupados yendo y viniendo de Italia, y están presumiendo del tiempo maravilloso que pasaron allí. Y, por el resto de su vida, usted dirá: "Sí, allí es a donde se suponía que iría. Eso era lo que había planeado".

Y el dolor de eso, nunca, nunca, nunca, jamás desaparecerá porque la pérdida de ese sueño es muy, muy significativa.

Pero si usted pasa su vida lamentando el hecho de que no llegó a Italia, posiblemente nunca tendría la libertad para disfrutar las cosas muy especiales y muy encantadoras de Holanda.

Este poema me habló directamente. En un sentido, las palabras describían algunas de las cosas que yo había atravesado. Lo que había experimentado no era lo que yo esperaba. Había pensado que tener un bebé iba a ser diferente, y había planeado las cosas de manera distinta; no estaba preparada para este resultado. Sin embargo, así como dice el poema, este lugar era hermoso también. Lo que me llamó la atención fueron las palabras "mire a su entorno y empiece a observar".

"Si empiezas a observar".

Esas palabras no pasaron desapercibidas. Pensé en ellas y las ponderé una y otra vez.

"Si empiezas a observar".

Mientras las ponderaba, empecé a sentir que el poema me hablaba. *Si me concentro en lo que falta o en lo que parece no estar, podría perderme de algo hermoso.* No estaba segura de lo que significaba, pero

> Mientras más pronto visualices la bendición, ¡más pronto la recibirás!
> –Sharon Richardson

quería darle una oportunidad. Quería tomarme el tiempo para observar. Yo ya sabía que Paige era un regalo que Dios me había dado, y creía que Dios me había escogido de entre muchos para este regalo. Sin embargo, quería ver más. Quería saber cómo era mi Holanda. Quería saber dónde encontrar mis tulipanes.

Al preguntarme, al ponderar y al solo pensar analíticamente, empecé a darme cuenta de algo más. Empecé a notar que además de tener un regalo, tenía una bendición. Hasta ahora, nunca le había puesto mucha atención, pero mi vida siempre me había parecido bendecida. Y ahora me daba cuenta de que nada había cambiado. Mi vida todavía era bendecida; pero ahora, mi vida era bendecida con Paige. *Ella es una bendición añadida a mi vida.* Nada se me había quitado—más bien, ¡me habían dado algo más! Como resultado de mis preguntas, reflexiones y búsqueda, pude tener una perspectiva distinta de mi vida. Fue entonces cuando decidí aceptar mi bendición.

Fue otro giro en mi vida. Mi realidad no era lo que yo había pensado—aun así era mi realidad. Sin embargo, yo sí tenía una opción. *¿Qué hago con lo que tengo en mis manos? ¿Cómo lo acepto? ¿O me quejo de ello, deseando que las cosas fueran diferentes?*

Esta nueva perspectiva me transformó aún más. Una vez que pude ver mi situación desde otro punto de vista, cambié. El hecho de que Paige fuera un regalo ya había sido definido, y ahora, pude ver que Paige era una *bendición*, y no una desgracia, una adversidad o una carga para mi vida. Con este punto de vista nuevo, pude aceptar lo que, de otra manera, habría parecido un desafío.

A medida que continuaba en esta dirección, empecé a ver que nuestras actitudes son fundamentales para poder recibir. Me di cuenta de que cuando elijes ver tu situación de manera distinta, el corazón empieza a cambiar, y en la medida en que tu corazón cambia, tú cambias. También experimenté la verdad de que cuando tu corazón cambia, la manera en que piensas también cambia, la manera en que sientes cambia, y la forma en que interactúas con los demás cambia. ¡Es entonces cuando llegan las bendiciones!

Cuando empecé a andar en esta línea, no en busca de una bendición, supe que mi manera de pensar había cambiado. Cuando cambió mi perspectiva, esa hizo que cambiara la atmósfera que me rodeaba. Empecé a ver que nuestras actitudes cambian la atmósfera. Nuestra actitud atrae bendiciones.

Una vez más, me encontraba entrando en situaciones con mi cabeza en alto con una actitud positiva y con gratitud en mi corazón. Ahora, estaba impaciente por contarle a los demás sobre mi bendición. Cuán honrada me sentía de saber que Dios me había dado a Paige. Otra verdad clave me estaba sucediendo: *Si ella había de nacer en este mundo, en vez de preguntar por qué yo, debía preguntar ¿por qué no yo?*

¡Pasé a la posición de saber que había sido bendecida con una bendición!

Yo no lo planeé, pero la gente observaba. Cuando me veían, miraban gozo y paz. Veían algo que no esperaban ver. Se sentían atraídos a Paige y a mí, queriendo ser parte de lo que les parecía diferente. Las personas ofrecían ayuda. Querían darnos regalos. Al principio, pensé que solamente estaban siendo amables, y lo eran, pero esto era distinto. Habrían podido alejarse fácilmente, pero en cambio, se acercaban a nosotras.

Las preguntas que me hacían fue lo que me indicó que buscaban algo más. Y que lo que veían, de alguna manera, parecía al revés.

¿Cuán Profundo Es Tu Amor?

Veían gozo en una situación donde no entendían por qué había gozo. No veían una carga o pesadez alguna. Querían saber más sobre esto.

A lo largo de los años, me habían dicho que mi vida parecía diferente; sin embargo, yo no pensaba que fuera distinta. De hecho, no veo que mi vida con Paige sea diferente a la de cualquier otro padre que tenga un hijo con necesidades especiales. No obstante, cuando me preguntan sobre el gozo en mi vida, me hallo diciendo una y otra vez, "Mientras más pronto ves la bendición, ¡más pronto la recibes!".

Estoy aquí para decirte que no importa cómo se ve tu situación, una vez que puedes verla (cualquier situación) como una bendición, las cosas empezarán a cambiar. En vez de sentir lástima por ti mismo, toma la decisión de ir más allá de esos sentimientos. En mi situación, Dios ha puesto a una personita bajo mi cuidado. Lo más seguro, es que esta no sería la vida ni las circunstancias que ella habría escogido si hubiera tenido opción; pero esta es su realidad. Tal como todos los demás, ella tiene sentimientos, pensamientos y emociones. No es distinta. Y al igual que todos los demás, ella desea ser amada.

Aunque me criaron en la iglesia, no había asistido por muchos años. Tan pronto como salí de casa de mis padres, dejé la iglesia. En ese tiempo, yo pensaba que la única razón por la que alguien iba a la iglesia era para volverse una buena persona, y a mi parecer, yo era una buena persona. Sin embargo, durante ese tiempo de mi vida, necesité ver lo que había en mi interior para hacer uso de lo que formaba mi identidad. Sabía que creía en Dios y que era cristiana, pero eso era todo; sin embargo, de algún modo, en medio del nacimiento de Paige, Dios estaba regresando a mi vida.

Dios es fundamental porque Él es amor. Si no traes a Dios a la situación, entonces no creas que alguna vez verás la bendición. Dios es un Dios bueno. Dios da regalos buenos. Si eres mamá o papá, Dios te escogió para que fueras el padre de este hijo. Si este bebé había de nacer en este mundo, pase lo que pase alguien tiene que cuidarlo. ¿Por qué no tú? ¿Por qué no aceptar esta posición de honor para la que has sido elegido? Pues mientras más pronto visualices la bendición, ¡más pronto la recibirás!

Nuevos Comienzos

Dios hizo todo hermoso en su momento.
Eclesiastés 3:12

AL PRINCIPIO NO ME propuse crear una atmósfera de paz. Solo estaba tratando de ver cómo lograrlo todo, así que establecí un calendario. Una vez hecho esto, me sorprendí de cuán rápidamente me acostumbré a la nueva rutina. Ahora, Paige tenía orden y estabilidad en su vida, igual sabía que había algo que no habíamos podido obtener. Sabía que podía hacer más para ayudar a Paige.

¿Cómo traer vida a este cuerpecito que está frente a mí?

Cuando observaba la forma en que ella reaccionaba con la gente, podía ver la evidencia de temor en su vida. Aunque Paige mostraba muy poca emoción o movimiento, podía ver que se asustaba fácilmente. Cuando la veía sobresaltarse o retraerse de la gente, supe que estas reacciones eran resultado de algo que sucedía en su interior.

Había una sensación fuerte en mi corazón, como un conocimiento o instinto, de que Paige necesitaba recuperarse del trauma. La mayor parte de lo que había vivido desde que entró a este mundo y respiró por primera vez fue trauma.

En el hospital, personas completamente extrañas se habían aproximado repetidamente a ella para llevar a cabo procedimientos médicos sobre los que Paige no tenía control alguno. Durante un periodo de cuatro meses, el personal la pinchó con agujas una y otra vez, a distintas horas del día. Ella no tenía concepto alguno de la razón por lo que esas cosas sucedían, o del porqué había tantos ataques a su cuerpo. Anhelaba que Paige fuera sanada de este trauma.

¿Cómo le muestro que hay más en la vida que solo dolor y que ella no necesita temerle a la vida o a la gente?

No solo había experimentado trauma, sino que los médicos estaban diciendo que ella tenía una lesión cerebral. Así que empecé a pensar en el cerebro. *¿Qué puede sanar este cerebro?* El pensamiento que me vino fue—*paz. Ella necesita paz.* La paz es lo opuesto al trauma. Tenía mucho sentido para mí que el cerebro necesite paz para sanar. *Paige necesita una atmósfera de paz. Así es cómo su cerebro puede sanar.* Por lo tanto, me propuse proveerle una atmósfera de paz.

¿Cómo es la paz? Sin estar muy segura de por dónde empezar, le hablé a Paige con calma. Le hablé amorosamente. Le dije, "Eres preciada para mí", "Eres muy hermosa", "Eres muy especial", "¡Mamá te ama mucho!". Apagué la televisión y puse música apacible. Si algo denotaba paz, yo lo hacía. La paz estaba en nuestro hogar. No sucedió de la noche a la mañana, pero con el tiempo, pude ver a Paige volviéndose más relajada y menos temerosa. Ya no se sobresaltaba cuando veía a alguien.

Como era la primera vez de tener un bebé, no estaba segura cómo se desarrollaría. Nos dijeron que ella tenía necesidades especiales, pero ¿qué significaba eso realmente? Sin conocer todas las metas que debía lograr, empecé a preguntarles a muchas personas y, con el tiempo, descubrí un listado largo y muy útil que me indicaba todo detalladamente. El listado me mostraba lo que Paige debería estar haciendo en los meses y años de su vida. Sin embargo, cuando lo revisé, no vi nada en el listado que Paige estuviera haciendo. Ella estaba viva, pero eso era casi todo. Tenía poco movimiento en su cuerpo. No tenía expresión facial y no hablaba.

¿Por dónde empiezo?

Sonreír

Sonreír era lo primero en el listado que ella no estaba haciendo. *¿Cómo le enseñas a alguien a sonreír? ¿Cómo le enseñas esto? ¿Cómo puedo comunicarle que lo que estoy haciendo es lo que quiero que haga?* Sin estar segura de si iba a funcionar, empecé abriendo mi boca, de una y de otra forma. Le decía, "Esto es una sonrisa", y luego yo sonreía para mostrarle a Paige cómo era. Sonreía grande, con movimiento y con mucha exageración, sin ruidos, ¡solo sonrisas grandes! Lo hice una y otra vez, día tras día, semana tras semana, mes tras mes, hasta que ¡la vi finalmente abrir su boca! No solo la abrió, sino que pude ver que lo hizo a propósito. Yo supe que lo que estaba viendo se había grabado en su cerebro.

Paige sonrió.

Rodar

Una de las siguientes cosas en el listado era rodar, ya que Paige no se movía como un bebé normal. De hecho, su cuerpo parecía algo tieso. Ella tenía lo que el mundo médico llama "hipertonía". Yo quería enseñarle cómo rodar y que sintiera cómo era rodar, así que me senté en el piso con ella y la envolví en mis brazos, rodeando todo su cuerpo, y rodamos juntas. Rodamos una y otra vez, en una dirección, y luego regresamos, rodando una y otra vez, en dirección opuesta.

Una vez que ella se acostumbró a la sensación de rodar conmigo, la acosté en el piso y puse sus brazos y piernas en posición para que pudiera rodar por sí misma. Luego, sin tenerla conectada a mí, le ayudé a rodar, una y otra vez, en una dirección. Luego, volví a colocar sus brazos y piernas y le ayudé a rodar, una y otra vez, en dirección opuesta. Finalmente, ella entendió la idea de que podía moverse. Nunca ha sido fácil para ella, pero hasta el día de hoy, rodar en una alfombra es una de las cosas que más le gustan a Paige.

Hablar

¡Obviamente, yo quería que Paige hablara! Como cualquier otro padre, yo quería escuchar la palabra "mamá", pero no escuchaba ningún sonido de ella. No escuchaba una voz. Ni siquiera escuchaba un llanto. Nos enteramos de que sus cuerdas vocales estaban bien, pero no había evidencia externa de esto.

Un día, una señora de Intervención en la Primera Infancia (ECI, por sus siglas en inglés), vino a nuestra casa. ECI era un programa que nos recomendaron, que ayuda a los niños con retraso en el desarrollo, así que le dimos una oportunidad. Yo no estaba segura de qué esperar de esta visita.

Cuando la señora llegó, Paige estaba en la sala vestida con uno de los muchos trajecitos que le regalaron. Estaba recostada sobre una manta blanca, liviana, que tenía pliegues de color rosado. Ambas nos sentamos en el piso a la par de Paige. Un poco curiosa, miré a la señora para ver qué era lo que iba a suceder.

Ella empezó a hacerme un montón de preguntas. "¿Paige sabe su nombre?".

Yo quería decirle, "Ella está sonriendo y rodando, pero no, no sabe su nombre". Me di cuenta de que había estado usando nombres lindos para hablarle, pero no le estaba llamando Paige. Esto sería lo siguiente que iba a enseñarle.

"Voy a enseñarle a Paige un poco de lenguaje de señas", dijo la señora.

¿Lenguaje de señas? Sus palabras me parecían contraproducentes. *¿Por qué está ella planeando hacer eso? No es lo que yo quiero—yo quiero que Paige hable. ¿No le va a ayudar a Paige a hablar? No quiero que Paige sustituya la pronunciación de palabras por gestos con sus manos.*

No podía sentarme alli sin decir nada; tenía que expresar lo que estaba sintiendo. Ella me escuchó, y luego me animó. Así que con un poco de duda, decidí acceder y ver que sucedería. Algunas de las primeras palabras en lenguaje de señas que ella le empezó a enseñar a Paige eran palabras como: mamá, papá, sí, no, terminé, baño, comer, beber, libro, pelota y más.

Pude ver que Paige estaba interesada en lo que la señora hacía. La miraba atentamente, con sus ojos fijos en ella. Paige parecía estar curiosa de lo que estaba viendo. Tengo que admitir que había algo en esos gestos que causaban un impacto en Paige. Parecía como si ella sabía que tenían un significado.

Con el tiempo, Paige empezó a usar esas palabras; primero una y luego otra. ¡Estaba aprendiendo una forma de comunicación! Aunque yo todavía quería que hable, empecé a entusiasmarme con este proceso. Pude ver que por aprender lenguaje de señas, otras cosas estaban sucediendo junto con eso. Paige estaba empezando a aprender causa y efecto, a experimentar el triunfo. Estaba disfrutando de una sensación de logro, y yo podía ver que eso era bueno.

Comer

Antes de que Paige naciera, nunca había conocido ni escuchado de alguien que coma como ella recibía sus alimentos, y yo quería que Paige comiera igual que todo el mundo. Ella había salido del hospital con una sonda en el estómago que luego cambiaron a un botón G. Conectábamos esta sonda a otro juego de tubos y luego los llenábamos con fórmula. Funcionaba y proveía la nutrición que ella necesitaba, pero yo estaba decidida a que ella aprenda a comer.

La postura de los médicos era, "Tenemos mucho tiempo para trabajar en esto". Pero mis pensamientos eran diferentes: *El tiempo es vital. Mientras más tiempo pase, más tiempo se pierde. Esperar para empezar a comer por la boca solo significa que estamos perdiendo oportunidades.*

Entonces, decidí verlo por mí misma y le di un pepe[2] . *A todos los bebés les gustan los pepes.* Sin embargo, cuando lo puse en la boca de Paige, fue obvio que ella no tenía el instinto natural para chuparlo. Ella lo sacó de su boca. La observé pero no me molestó. *Solo porque sacó el pepe de su boca, no significa que no puede comer.* Así que esperanzada y con la expectativa, probé con un biberón. Y esperé.

El biberón se quedó allí, en su boca, pero ella no sabía qué hacer con él. No me di por vencida. Lo intenté una y otra vez. Con el tiempo, vi que había salido un poco de leche del biberón, pero ella se tardaba tanto en beber aun una onza que fue obvio que su boca no tenía la coordinación para tomar del biberón.

Solo porque ella no puede tomar del biberón no significa que no pueda comer.

Con el paso del tiempo, le di varios alimentos suaves y, a través de prueba y error, empecé a descubrir un par de cosas en las que ella se interesó y que podía tolerar. Durante este tiempo de intentos, me di cuenta de que ella podía tolerar alimentos blandos, como: pudín, yogurt y gelatina. Más adelante le di salchichas Viena y noté que le gustaba el sabor. Trabajé mucho en que comiera, y Paige empezó a comer por la boca, aunque por muchos años continuó necesitando que su dieta fuera suplementada a través del botón G. No fue sino hasta que ella cumplió los dieciocho años que me comunicó que ya no quería el botón G.

---

[2]Chupón o chupete para bebé, tete, pacifier [NdelT]

Nuevos Comienzos

Además de acostumbrarnos a la rutina nueva y de llevar a Paige a alcanzar varios peldaños en su desarrollo, mi esposo y yo asistimos nuevamente a Nuestros Hijos Especiales. Este fue el mismo grupo de apoyo al que habíamos asistido cuando Paige estaba en el hospital, pero después de esta visita, supe que ese lugar *no era para mí.*

Al igual que nuestra visita anterior, el salón estaba lleno de padres que tenían hijos con necesidades especiales, y todos ellos parecían estar atravesando momentos muy difíciles Compartieron sus historias, pero yo no pude identificarme con ellos. No me sentía como los otros padres en el salón. En mi mente, yo no tenía tiempo para esto. Mi enfoque era pasar tiempo con Paige, "Mi regalo, mi bendición", y trabajar con ella para ayudarle a alcanzar su máximo potencial. Nunca regresamos.

En un abrir y cerrar de ojos, era hora de celebrar el primer cumpleaños de Paige. Los familiares que la amaban la acompañaron en su fiesta de cumpleaños que celebramos en nuestra casa. Cada persona presente nos había brindado su bondad y apoyo durante los muchos altibajos de los primeros cuatro meses de incertidumbre en la vida de Paige.

No escuché ningún comentario sobre las muchas operaciones que Paige tuvo que soportar o de todos los obstáculos que tuvimos que superar. En cambio, pude ver rostros iluminados de gozo y sonrisas que llenaron el salón.

Con el corazón lleno de alegría, todos nos paramos alrededor de la mesa y encendimos la velita del pastel, y todos a viva voz le cantamos "Cumpleaños Feliz" a Paige.

Solo después que la candelita se apagó, fue que un familiar habló diciendo las palabras que todos guardábamos en nuestro corazón: "Este es definitivamente un día para celebrar porque nadie sabía si Paige viviría hasta su primer cumpleaños".

Era muy cierto—hubo muchos días, semanas y meses en que no sabíamos si ella sobreviviría. Nunca hubo una garantía de que fuéramos a tener este día de celebración—aquel que todos esperábamos y anhelábamos. Ahora, todos estábamos rebosantes de tanta bendición—habíamos experimentado nuestro primer año compartiendo la vida de Paige.

Vida y Muerte

El ladrón solo viene para robar y matar y destruir. Yo he venido para que tengan vida, y para que la tengan en abundancia.
Juan 10:10

No había manera de evadir esta cirugía. Había estado en mi mente y en mi calendario durante mucho tiempo. Sin embargo, nunca habría soñado que volar a Chicago con Paige sería tal pesadilla y una montaña rusa emocional.

Tenía casi un año de haber regresado al trabajo. Después de que Paige salió del hospital, me quedé en casa hasta haber agotado todas mis vacaciones y tiempo personal, que fue aproximadamente dos meses. Paige seguía recibiendo cuidado en casa en lugar de ir a una guardería, pues las instrucciones eran mantenerla alejada de gérmenes y enfermedades comunes durante por lo menos el primer año.

El cirujano que llevó a cabo la primera cirugía del corazón de Paige nos había informado que cuando ella creciera, más o menos a los dieciocho meses de edad, necesitaba tener otra cirugía para colocarle una derivación. Aunque ya conocíamos esta información, yo había tratado de no pensar en ello. Sin embargo, a medida que la edad de dieciocho meses se aproximaba, empecé a tener sentimientos inexplicables.

No puedo nombrar esos sentimientos, pero la tensión era fuerte, como si fuera un encuentro de lucha libre en mi interior.

¿Qué me pasa? ¿Qué es esta tensión que siento? ¿De dónde vienen estos sentimientos, y cómo hago para que desaparezcan?

Sin saber qué otra cosa hacer, empecé a examinar mis pensamientos. Cuando un pensamiento venía, yo me hacía preguntas sobre él. *¿Me molesta este pensamiento?* Sí o no. Si la respuesta era sí, me preguntaba, *¿Por qué estoy teniendo este pensamiento, y qué significa?* Como sentía que estaba progresando, hice esto una y otra vez. Me sorprendió descubrir la respuesta.

Esto no tiene sentido. No tiene sentido porque no es idea mía, pero tengo la respuesta. Se supone que debo estar en casa con Paige después de la siguiente operación. No solo sabía que debía quedarme en casa, sabía también la cantidad de tiempo—una cantidad que requeriría que yo dejara mi empleo, no permanentemente, sino por un año.

Mantuve inicialmente esta idea fuera de mi atención diciéndome, *No necesito compartir esto con nadie.* Sin embargo, no hizo que los sentimientos desaparecieran. Adonde iba, allí estaban. No podía huir de ellos ni ignorarlos aunque no veía posibilidad alguna de poder ausentarme nuevamente del trabajo, especialmente no por un año. Finalmente, empecé a darme cuenta de que esos sentimientos probablemente no desaparecerían hasta que yo hiciera algo.

El lugar donde trabajaba, CSCD, había seguido de cerca toda la vida de Paige, así que casi todos sabían que Paige iba a tener esta cirugía; y sabían que yo estaría tomando tiempo libre del trabajo para esta operación. Lo que no sabían era por cuánto tiempo.

No hay manera de evitar esto. Debo decírselo a alguien.

Sin más demora, me reuní con el Director de Servicios Judiciales; pero, claro está, yo no tenía ni idea de cómo iba a responder. La directora era uno de mis supervisores, pero también era mi amiga. Cuando empecé a hablar, ella me escuchó atentamente. Me sinceré con ella y le compartí honestamente mis pensamientos y sentimientos intensos, así como el hecho de que estos no desaparecerían.

Ella no dijo ni una palabra. No tenía que hacerlo. Hasta ahora, lo que yo le estaba diciendo no le afectaba a ella ni a nadie más, solo a mí. Sin embargo, yo sabía que mis palabras siguientes iban a impactar a muchas personas. Respiré profundamente, dejando que salieran las palabras que tenía que decir: "Siento que debo tomar tiempo libre del trabajo durante un año para estar con Paige".

Ya. Lo hice. Las palabras habían salido. Ya las pronuncié y di a conocer mi petición.

Nadie había hecho antes una solicitud como esta. Es más, una respuesta a este tipo de pedido no existe en el manual de políticas y procedimiento. No obstante, ellos no ignoraron mi petición. Esta llegó hasta el subdirector del departamento. Él se involucró inmediatamente, tal como lo hizo también el juez para quien yo trabajaba.

No estoy segura de lo que se dijo en esas conversaciones, pero sí conozco el resultado. Ellos honraron mi petición. Y no solo la honraron, sino que habiendo sido promovida después del nacimiento de Paige, ellos mantuvieron mi posición como supervisora durante un año y no ocuparon el cargo. Esto tampoco había pasado antes. Estaba sumamente agradecida por su respuesta.

Debido a que no ignoré mis sentimientos intensos y tomé acción sobre ellos, recibí algo que no había pensado que fuera posible. Fue realmente más de lo que pude haber imaginado.

Pasaron años antes de saber que lo que yo había experimentado se halla en la Biblia. Estaba viviendo Efesios 3:20: "Y a Aquel que es poderoso para hacer todo mucho más abundantemente de lo que pedimos o entendemos".

¡No podía creer que iba a poder estar en casa con Paige durante un año! Estas noticias eran increíbles. Me dieron ganas de abrazar a todos. Parecía que todo estaba encajando. Sin embargo, estábamos a punto de descubrir que no todo sería así de fácil.

Una visita al cardiólogo de Paige nos tomó por sorpresa. Siempre habíamos pensado que tendríamos esta cirugía en el hospital para niños de la localidad, donde Paige había vivido por cuatro meses. Sin embargo, el cardiólogo de Paige nos informó que el cirujano que llevó a cabo la primera operación cardiovascular ya no trabajaba allí.

¿Ya no estaba allí?

No podía creer lo que estábamos oyendo. Este había sido el plan desde el principio. Después de superar la incredulidad inicial, pensé, *Tiene que haber otro cirujano en el hospital que pueda hacer esta cirugía*. Así que pregunté.

"Hay otro cirujano en el personal," dijo el doctor, "Pero no está haciendo este tipo de cirugía. Pasarán meses antes de que él lleve a cabo el tipo de cirugía que necesita Paige".

Esta decisión se está complicando.

Estábamos entre la espada y la pared. Paige necesitaba tener una cirugía que no podía retrasarse, y no había un cirujano en la zona que pudiera hacerla. Además, nadie estaba presentando otra opción. Entonces, tuvimos otra idea.

"¿A dónde se fue el cirujano que estaba aquí?". *Estoy segura de que tiene que estar cerca.*

"Ella se mudó al área de Chicago".

¿Chicago? ¿En serio? Tiene que ser una broma. Eso no está cerca. Esta decisión se estaba complicando aún más.

Luego de muchas conversaciones con doctores y familiares, así como también llamadas telefónicas a Chicago, y de considerar toda la información en nuestro corazón, tomamos una decisión. Todo se resumía en la relación. Ya teníamos una relación con este cirujano, y debido a esta relación, parecía lógico seguirla a Chicago. No tenía sentido dejar lo que nos era conocido para ir allá, pero seguir al cirujano sí tenía sentido. Ella fue quien hizo la primera cirugía del corazón de Paige, y sentíamos que ella debía hacer la segunda. Así que decidimos seguir a este cirujano a Chicago.

Cada uno de los involucrados empezó a hacer los arreglos para que la cirugía se llevara a cabo en Chicago. El cirujano y el personal médico allá nos notificaron que tengamos planeada una estadía de dos semanas. Yo acababa de empezar mi tiempo de ausencia laboral de un año. A nuestra familia inmediata se le dificultó un poco esta decisión. Ellos querían que estemos más cerca, aunque sabían que lo que estábamos haciendo era necesario. La mejor parte era saber que en dos cortas semanas estaríamos todos juntos de nuevo. Estábamos listos. Con nuestras maletas hechas, nos dirigimos confiadamente al aeropuerto.

Chicago

¡Paige se veía más linda que nunca! Habíamos progresado mucho durante los últimos dieciocho meses, y yo había llegado a amar su personalidad. Aunque todavía no hablaba, ahora tenía un montón de expresiones faciales. Ella también se podía sentar y se movía un poco cuando estaba en el piso. Interactuábamos con ella, y ella reaccionaba. Los retrasos del desarrollo eran evidentes, tanto física como mentalmente, pero estaba llena de gozo y alegría. Habíamos superado bastante.

Paige no había subido antes en un avión, y esta era una experiencia nueva. Ella no tenía ni idea de que este viaje en avión la llevaba a otro estado, tampoco sabía que estaba a punto de volver al hospital nuevamente para someterse a una operación más. Esto no era fácil de atravesar.

Escuché nuestros nombres por el altavoz, y abordamos. Llevando a Paige en mis brazos, entré al avión donde la tripulación nos recibió. Sentí agradecimiento en mi corazón cuando vi a Paige interactuar con ellos. Era obvio que estaba disfrutando toda la actividad y que su nivel de gozo y alegría aumentaba.

Debido al estado cardíaco de Paige en ese momento, ella requería oxígeno, lo cual estuvo disponible en el avión debido a que habíamos hecho arreglos previos. Después de encontrar nuestros asientos, una de las azafatas preparó todo para nosotros. Excepto por los videos de seguridad, nunca había visto oxígeno siendo utilizado en un avión. El tanque estaba ubicado debajo del asiento. La azafata me dijo, "Una vez el avión despegue, estará listo para usar".

Cuando la azafata empezó a alejarse, repentinamente me percaté de las otras personas que habían abordado al avión. *Todos nos están mirando. Me pregunto qué piensan de este oxígeno y de Paige.* Sentí como que éramos el centro de atención de todos, y no estaba segura de cómo manejarlo, así que no quise mirar a nadie. Finalmente, miré hacia el extremo del pasillo donde empecé a darme cuenta de la verdad.

La verdad era, no todos nos estaban mirando. Unas cuantas personas, cercanas a nosotros, no pudieron evitar darse cuenta, pero fueron muy amables diciéndome que estaban dispuestas a ayudar. Ellas notaron que yo estaba sola, y eso fue porque mi esposo había partido un día antes. Él se había llevado nuestro vehículo a Chicago para que pudiéramos tener transporte al llegar. El plan era que los tres regresáramos por tierra a Texas.

¡Vamos en camino!

Paige estaba disfrutando de los sonidos y de la sensación del despegue, y mientras la miraba no pude sino pensar cuán adorable era. Estaba haciendo amistad con todos con quien entraba en contacto. Yo le había llevado una pelota roja que ella se pasó tirando al pasillo porque no sabía que uno no tira pelotas rojas en el pasillo de un avión. Lo que ella sabía era que se estaba divirtiendo. Al principio, no estaba segura de cómo reaccionarían a esto las personas que nos rodeaban o la tripulación, pero en vez de sentirse molestos por el rebote de la pelota roja, empezaron a devolvérsela para que ella la tirara de nuevo. Sus acciones solamente provocaron más amabilidad y buenos deseos por parte de todos los que estaban cerca. Terminamos pasando un momento muy placentero con todos los pasajeros.

Luego, antes de que nos diéramos cuenta, habíamos llegado a nuestro destino. *¡Ya no estábamos en Texas!* Todo lo que habíamos experimentado hasta este punto parecía más como una aventura nueva que un procedimiento médico. Cuando salimos del avión, le dijimos adiós a nuestros nuevos amigos. Mi esposo estaba esperándonos en el aeropuerto, feliz de vernos. Todos estábamos bien y a salvo en Chicago. Después de recoger nuestro equipaje, nos dirigimos al hospital. En el trayecto, pensé, *No tiene sentido llevar al hospital a una persona que es tan feliz y está tan llena de alegría.* No tenía sentido, pero era el momento. Los dieciocho meses habían llegado.

Localizamos al personal médico que nos esperaba y en cuestión de minutos, estábamos pasando de un vuelo en avión desde Texas a la cama de un hospital en Chicago. Rápidamente, le quitaron a Paige su linda ropa y le pusieron la bata de hospital. Todos sabían que no éramos de Chicago y fueron muy atentos, haciendo todo lo posible para hacernos sentir bienvenidos al lugar.

Chicago ya no era solo una idea; se había convertido en una realidad. Habíamos hecho todo lo necesario para llegar allí. Como padres, queríamos hacer lo que fuera mejor para Paige. De lo que no nos dimos cuenta fue que nada pudo habernos preparado para los días venideros.

A finales de agosto, el día de la cirugía de Paige había llegado. El personal sedó a nuestra pequeña niña, que estaba llena de alegría y felicidad, y se la llevaron a cirugía. Al igual que el día en que nació, los doctores nos dijeron que Paige tenía un cincuenta por ciento de posibilidades de sobrevivir. Debo haber eliminado esta información de mi mente para proteger mi corazón porque parecía que estaba escuchando este factor de riesgo por primera vez.

Después de todo lo que ha tenido que pasar, ¿por qué podría alguien querer hacer pasar a Paige por una cirugía tan arriesgada como esta? ¿Y por qué haríamos esto sin el apoyo de la familia y los amigos?

Era demasiado tarde. No podíamos cambiar de parecer.

A veces, la espera—el no saber—parece casi insoportable. Tuve que detener los pensamientos de temor, imaginando lo que podía o no podía pasar. Después de doce largas horas de esperar y preguntarnos cual sería el resultado, finalmente escuchamos que Paige estaba en la unidad de recuperación y que podíamos verla.

Al escuchar estas palabras, dejamos salir un enorme suspiro de alivio. *La posibilidad del cincuenta por ciento de sobrevivencia debe haber salido bien,* pensé. *La parte más difícil de no saber ya había pasado.* Todo iba a estar bien. Sin embargo, tres días después, los doctores notaron un líquido inusual saliendo del tubo toráxico, un tubo que le colocaron durante la cirugía para drenar el exceso de sangre alrededor del corazón. Decidieron quitarlo para descubrir que era lo que estaba pasando. Su descubrimiento fue el inicio de nuestra pesadilla—una pesadilla que estaba aún en sus etapas primarias. Una pesadilla que casi acaba con nosotros tres.

Como mencioné anteriormente, Paige había desarrollado hidrocefalia a causa de un sangrado interno en su cerebro. Este sangrado resultó en la incapacidad para absorber el líquido cefalorraquídeo, lo que causó la acumulación en su cabeza. En aquel entonces, una derivación había corregido el problema. Después de nacer y antes de que Paige fuera dada de alta del hospital, tuvo que someterse a múltiples operaciones para recibir una válvula que funcionara. Esta derivación era necesaria para mantenerla viva, pero cuando los médicos retiraron el tubo torácico, descubrieron que la habían cortado durante la cirugía. Lo que estaban viendo era líquido cefalorraquídeo y no sangre. Aunque todos permanecieron calmados, una sensación de urgencia impregnaba la atmósfera.

De inmediato, el hospital llamó al neurocirujano para reparar su derivación. Mientras yo trataba de entender todo lo que sucedía y mantenerme calmada, pude sentir mis emociones cambiar de alivio a terror. El cirujano podía ver que yo estaba asustada y trató de ser amable y de asegurarme que todo saldría bien a la vez que explicaba sus planes para poner la válvula en el corazón de Paige.

¿En su corazón? Acababa de tener una operación de corazón. El entubado para la válvula siempre ha estado en su abdomen. ¿Por qué no puede ir allí de nuevo?

Nos dijeron que las presiones estaban muy elevadas en su abdomen como para recibir el entubado allí, pero debido a la reparación de su corazón, esto era ahora una opción. *Esto no parece una buena situación.* Yo luchaba entre la esperanza y el temor. Sin embargo, en vez de combatirla, opté por verla como una solución positiva y estar agradecida por la opción.

El equipo médico entró en acción. Aunque todavía no habían librado a Paige de su estado crítico, ahora estaban preparándola para regresar a cirugía, esta vez para reparar su derivación. Para mi alivio, ella estuvo bien durante la cirugía, así que pensamos que todo había vuelto a lo normal. Sabíamos que lo que había sucedido no era bueno, pero nadie dijo una sola palabra al respecto. Era como que hubiéramos tenido un tropiezo en el camino y luego seguimos adelante.

Unos días después de la reparación de su válvula, yo estaba en camino para ver a Paige. Cuando iba por el pasillo, hacia la Unidad de Terapia Intensiva (ICU, por sus siglas en inglés), escuché estas palabras por el altavoz: "Doctor respiratorio, PEDS-ICU, cama uno". Escuché nuevamente, "Doctor respiratorio, PEDS-ICU, cama uno".

Paige está en la cama uno. ¡Esa es la cama de Paige!

Empecé a correr tan rápido como pude—no podía llegar a ella lo suficientemente rápido. Entré corriendo a la unidad y llegué a su cama, solo para que un capellán me lleve afuera. No querían dejarme verla—pero la vi. Incluso cuando el capellán me estaba llevando hacia afuera, pude ver a todo el personal médico trabajando intensamente alrededor de la cama de Paige. Ella había dejado de respirar.

"Paige estaba teniendo una convulsión", dijo el capellán, "Y dejó de respirar. Los doctores están tratando de reavivarla para poder ponerla en un respirador".

Yo sabía que lo que había visto era cuestión de vida o muerte. Había visto a Paige —había visto los monitores— y sabía que ella no estaba respirando. Sabía que no querían que yo la viera, pero había visto a los doctores tratando de mantenerla viva. Me parecía que Paige no iba a vivir.

Una vez que estuve afuera en el pasillo, solté un alarido desgarrador, me deslicé sobre la pared y caí en un charco de lágrimas. No me importó quién me viera o escuchara porque en ese momento, nada importaba. Pronto, la gente me estaba rodeando, tratando de consolarme. Pero yo no reaccioné bien. No quería ese consuelo. Lo único que quería era que Paige viviera.

La Batalla Continúa

*Porque no nos ha dado Dios espíritu de cobardía,
sino de poder, de amor y de dominio propio.*
2 Timoteo 1:7

NO SABÍA CÓMO IBA a sobrevivir, pues una espada tras otra atravesaba mi corazón. Sin comprender lo que había visto, mi esposo se apresuró a consolarme cuando estaba sentada en un charco de lágrimas con el capellán cerca de mí. En ese momento, uno de los doctores salió de PEDS-ICU en busca de nosotros.

"Han intubado a Paige—está estable", dijo.

La pusieron en un respirador, pero una tomografía reveló que la derivación dentro de su corazón no estaba funcionando. *No puedo creer lo que estoy escuchando. Esto significa otra cirugía para Paige.*

Lo que no podíamos saber en ese momento era que esta siguiente cirugía no iba a tener éxito. El cirujano tomó el entubado de su corazón y lo colocó en el abdomen, pero las presiones eran aún muy altas para que el cuerpo de Paige lo aceptara allí. Ya que su corazón y el abdomen eran los únicos dos lugares donde podían colocar una derivación, y ninguna de esas opciones estaba funcionando, ya no había más opciones. No sabían qué hacer. Sin respuestas, el cirujano dejó el entubado fuera del cuerpo de Paige. Quería esperar ver si las presiones de su abdomen disminuían. Era una situación desesperada, y estábamos quedándonos sin opciones

Ahora estábamos en un patrón de espera. Nuestra estadía de dos semanas se estaba convirtiendo en tres. Todos esperábamos que las presiones en el abdomen de Paige disminuyeran, así como también que ella se recuperara de la operación inicial del corazón. El personal médico la sedaba casi constantemente. Cuando me sentaba al lado de Paige, soñaba con la niñita feliz lanzando una pelota roja por el pasillo del avión tan solo unos días atrás.

A estas alturas, nos preguntábamos por qué salimos de Texas para hacer que Paige pasara por tanto dolor y trauma otra vez. No podíamos entender por qué le estaba pasando esto a ella. Habíamos hablado con un montón de personas y creído que esto era lo que se suponía que debíamos hacer. Y, dadas nuestras opciones, creíamos que habíamos tomado la decisión correcta.

La familia y los amigos llamaban constantemente, para saber cómo estaba Paige, todos querían saber cómo estábamos sobreviviendo. Cada uno estaba desesperado por ayudar, y sabiendo que no teníamos familia en el área, las enfermeras y las familias de otros pacientes empezaron a acercarse a nosotros.

En busca de respuestas y consuelo, me hallé llendo a la capilla del hospital. Estaba en otro nivel del hospital. Cuando entré, pensé que parecía más pequeña de lo que esperaba. No había nadie más allí, y me senté en una de las bancas y miré a mi alrededor. *Es pacífico aquí dentro. Me pregunto cuántas personas han estado aquí buscando respuestas y consuelo.* Decidí arrodillarme, y oré a través de las lágrimas. No recuerdo todo lo que pedí, o por cuánto tiempo oré, pero sí sé que le pedí a Dios que mantuviera viva a Paige y que pudiéramos llevarla de regreso a casa en Texas.

Cuando empezamos nuestro segundo mes lejos de casa, la estación estaba cambiando de verano a otoño. El clima otoñal de

Chicago es muy distinto al de Texas. Ya que mi esposo y yo solo habíamos planeado para dos semanas, no estábamos preparados para este cambio y tuvimos que comprar ropa más caliente. En este tiempo, las enfermeras nos llevaban comida hecha en casa, y recibimos tarjetas para comer en la cafetería. Empezamos a recibir paquetes con regalos y artículos de uso personal enviados por nuestra familia y amigos en Texas. En medio de este cambio de eventos inesperado, estábamos rodeados de personas que mostraban bondad y preocupación por nosotros, tanto en Texas como en Chicago.

No podíamos imaginar que algo más pudiera pasarle a nuestra niñita, pero pasó. Paige desarrolló fiebre alta, y empezó una consulta inmediata de doctores de enfermedades infecciosas que recogieron muestras para cultivo. Las pruebas revelaron que Paige había desarrollado varias infecciones en su torrente sanguíneo provenientes de las líneas intravenosas. Los doctores nos dijeron que Paige estaba muriéndose, y que no veían ninguna forma posible en que ella pudiera superar lo que ellos llamaban, "infecciones letales en su cuerpo".

No puedo creer lo que estamos escuchando. Ella se ha recuperado de la operación del corazón, pero ¿ahora se está muriendo de una infección?

Mi esposo y yo rompimos en sollozos fuertes que salían de lo más profundo de nuestro corazón. Ninguno de los dos podía dejar de llorar. Hasta ahora, si uno de nosotros estaba pasando por un momento difícil, el otro estaba emocionalmente fuerte y podía ayudar al primero. Pero ahora, esa estabilidad emocional ya no existía, y ninguno de los dos estaba lo suficientemente fuerte emocionalmente para manejar esta noticia. Sabíamos que necesitábamos ayuda, así que llamamos a mis padres.

Yo sabía que no podía hacer la llamada, así que mi esposo la hizo por los dos, y yo me quedé sentada viendo cómo marcaba el número. Mi mamá respondió, y mi papá estaba cerca. Ellos sabían que éramos nosotros quienes estábamos llamando, pero estábamos pasando por tanto pesar, que las palabras no salían de nuestra boca. Todo lo que oyeron por teléfono era a nosotros dos llorando.

Mi mamá tomó el primer vuelo que salía de Texas para Chicago.

En ese momento no lo sabíamos, pero ella se había preparado para esta llamada y ya tenía un boleto listo y en espera. Ella fue un bálsamo para nuestro dolor, y ambos hallamos consuelo de ver un rostro conocido. Después de vernos, mi mamá quería ver a Paige. La preparamos lo mejor que pudimos porque Paige no se veía igual. De hecho, ella no se parecía en nada a como era cuando llegó.

Mi mamá sí vio a Paige, pero, claro está, no había nada que ella pudiera hacer para ayudarla. En cambio, mi mamá se enfocó más en nosotros, dándonos palabras de ánimo a cada uno. Ella terminó quedándose hasta que nosotros pudimos volver a funcionar, que fue casi una semana.

Los doctores estaban medicando agresivamente a Paige con siete antibióticos. Nosotros permanecimos al lado de su cama, hablándole diariamente, a cada hora, contándole de las cosas que iba a hacer después de regresar a casa. Lo que no noté hasta muchos años después, era que estábamos pronunciando vida sobre ella con nuestras palabras. Estas palabras fueron más poderosas de lo que yo creía en ese momento. Paige quizá había estado inconsciente, pero las escuchaba. Y creo que esas palabras produjeron algo en la atmósfera, porque algo cambió.

Después de dos semanas, Paige se movió. Empezó a moverse y despertó.

Los doctores no podían creer que ella había sobrevivido una infección tan letal, y sabían que habían atestiguado un milagro. No pensamos que era Dios en ese momento, pero recuerdo haberles dicho a los doctores, "Hay una cosa que la medicina no puede curar—se llama *amor*". Paige estaba despierta después de estar inconsciente durante dos semanas, pero todavía estaba en el hospital y no tenía una derivación funcional. Ya sabíamos que necesitábamos sacarla de este hospital. Era tiempo de irnos y de llevarla de regreso a Texas.

Habíamos estado preguntado por todas partes durante un tiempo para ver qué se requería para llevar a Paige de regreso a casa. El personal médico, nuestra aseguradora y los familiares trabajaron arduamente en un plan para llevarnosla a casa; y con la ayuda de todos, ¡sucedió!

Texas

Llegó el día cuando Paige y yo nos hallábamos en un avión muy pequeño, en dirección a Texas. Este no era un avión común, sino obviamente un avión médico, porque estaba lleno de equipo médico. De hecho, se parecía al interior de una ambulancia. Solamente cuatro personas volamos en ese avión: el piloto, una enfermera, Paige y yo. Paige estaba en una cama, vestida con una bata de hospital. Tenía lo que se conoce como un drenaje externo, una sonda que salía de su cabeza para drenar el líquido cefalorraquídeo de su cerebro. Aún necesitaba otra cirugía, la que recibiría en Texas. Aunque sabíamos que ella tenía que pasar por esta operación, nos sentíamos esperanzados de que estábamos avanzando por el camino correcto.

No recuerdo mucho del vuelo, excepto haberme subido al avión y luego, aterrizar en un aeropuerto pequeño. Una vez que el avión aterrizó, una ambulancia transportó a Paige y a mí a nuestro hospital local de niños. Para mi sorpresa, cuando salí de la ambulancia, vi a mi hermano Eric parado allí, esperándonos. No podía creer que él estaba allí para saludarnos, y las lágrimas empezaron a surgir en mi interior y luego—derramé lágrimas de gratitud y lágrimas de gozo.

¡Me sentía amada! ¡Estábamos en casa!

Regresamos a un hospital conocido para nosotros, un hogar a donde ir y una familia y amigos que nos rodeaban; sin embargo,

Paige necesitaba otro milagro. Mientras que el resto de la familia nos esperaba en la sala de espera, el personal del hospital llevó a Paige directamente de la ambulancia a la Unidad de Terapia Intensiva.

Estar rodeados de nuestra familia ayudó nuestro sentido general de bienestar. Aunque, cuando mi hermano entró a la UCI para ver a Paige, tuvo una experiencia inquietante que compartió con todos nosotros después.

"Tienen un vaso desechable en la cabeza de Paige, con una aguja que sale de este", dijo. "Y escuché a los doctores decir, 'Estamos haciendo que ella esté cómoda. Lo hacemos por la familia'".

Al escuchar esto, un torrente de recuerdos vino rápidamente. *Estamos de vuelta en este lugar que no nos dio esperanza ni ánimo, y ellos están diciendo básicamente que no esperan que Paige viva o que salga del hospital. ¡Pero yo no estoy de acuerdo! Dios tiene la última palabra en esto. Los doctores no saben.* Sin embargo, no podía ignorar el hecho de que teníamos una montaña enorme frente a nosotros.

Mientras estábamos todos allí sentados, uno de los doctores salió para hablar con nosotros. Básicamente, nos dijo lo que mi hermano había escuchado.

"Están haciendo que ella se sienta cómoda", dijo.

Lágrimas y silencio llenaron la sala.

No la trajimos de regreso a Texas para oír esta noticia. Vamos a darle a Paige toda oportunidad de sobrevivir que sea posible, Dios tiene la última palabra sobre su vida. Paige va a tener la cirugía que necesita.

El neurocirujano en Texas colocó la derivación en el cuerpo de Paige, y pudo regresar a casa, pero si no hubiera sabido que Paige era mi hija, probablemente no la habría reconocido. Definitivamente no se veía como la misma niñita que yo conocía tan solo dos meses atrás ya que su piel estaba roja y áspera por todos los medicamentos que había recibido en Chicago, y su cuerpo estaba extremadamente hinchado por todas partes. Ella tenía numerosas cortadas, costras y cicatrices desde la cabeza hasta la planta de sus pies y no tenía cabello. Ya no podía sentarse, y su cuerpo estaba lánguido. Su sonrisa había desaparecido.

El Poder de las Palabras

Cuando salimos del hospital, empecé a escuchar palabras en mi mente, las palabras que dijo el cirujano después de que la operó, y yo no podía sacármelas de la cabeza. Consumían mis pensamientos.

Fueron: "El tiempo lo dirá".

Muchas personas no se dan cuenta de cuánto poder hay en sus palabras. Las palabras que escuchamos pueden tener un impacto directo en nuestros pensamientos futuros. Ya sea que lo haya dicho a propósito o no, esas palabras significaban algo para mí.

Cuando pensaba en esas palabras, no sonaban esperanzadoras—más bien, me hacían dudar. No sonaban positivas ni alentadoras. En realidad, provocaban pensamientos de temor. En vez de traer gozo, paz y consuelo, esas tres palabras me hacían cuestionar.

¿Cómo va a ser el futuro de Paige? ¿Cuántos días vamos a tener con ella?

Muerte y vida están en poder de la lengua. (Proverbios 18:21)

En ese entonces, yo no conocía este versículo, pero sí sabía que esas palabras afectaban mis pensamientos. Esas palabras no estaban produciendo vida. Definitivamente había poder en esas palabras.

No sabía cómo llamarlas en esa época, pero más adelante me di cuenta de que yo había experimentado trauma. Estas palabras no eran útiles para que yo superara esto. En un momento, después de regresar del hospital, me hallaba en el sofá, acurrucada en posición fetal, cargando a Paige en mis brazos. Mi corazón estaba roto.

Mientras estaba allí acostada, oré para que ella viviera y para que su gozo regresara.

No estaba muy segura de cómo seguir adelante. Mi mente se agitaba con varios pensamientos. No sabía cómo sería la vida sin poder aferrarme a Paige, sin estar pegada a ella. Según esas palabras, yo no sabía cuánto tiempo tendría con ella. Y no sabía cómo sacar esas palabras o esos pensamientos de mi mente.

Luego, algo sucedió.

Tuve la sensación de que debía encontrar mi Biblia. Había tenido una Biblia durante muchos años, pero no estaba familiarizada con ella. Sabía lo básico, como que hay un Antiguo y un Nuevo Testamento. Sabía dónde encontrar algunos de los libros de la Biblia, pero nunca los había leído. Aparte de sentirme impulsada a buscar mi Biblia, no estaba segura de lo que hacía. Sin saber dónde buscar, empecé a pasar algunas de las hojas. Fue así cuando me topé con un versículo que me llamó la atención. Cuando leí las palabras, fue como que resaltaban de la página. Así que las leí de nuevo: "Confía en el Señor con todo tu corazón, y no te apoyes en tu propio entendimiento" (Proverbios 3:5).

Esas palabras me hablaron. *Definitivamente, yo no tengo entendimiento. No tengo entendimiento ni explicación del porqué de lo que acabamos de atravesar. Definitivamente, no sé lo que traerá el mañana. Hay un montón de cosas que yo no sé.* Había algo en este versículo que captó mi atención y me hizo seguir mirándolo. Seguí leyéndolo una y otra vez.

Mientras leía algo sucedió en mi interior. Empecé a pensar, *Debo de dejar de sentir lástima por mí misma. Necesito ver por encima de mis propios sentimientos.* Luego, mis pensamientos se convirtieron en preguntas: *¿Cómo puedo mejorar la vida de Paige?* Y se me ocurrió: *Voy a hacer lo que dice este versículo y a confiar en Dios, a pesar de que no entienda.*

No me di cuenta en ese momento, pero este versículo hablaba vida. Al igual que las palabras del cirujano, estas palabras también tenían significado. Sin embargo, estas palabras tuvieron un impacto positivo en mí—eran alentadoras y me dieron esperanza. No había temor en estas palabras. Me sentí fortalecida cuando pensé en confiar en Dios a pesar de que no entendía lo que significaba eso o cómo era. A diferencia de las palabras que dijo el cirujano, ¡estas palabras daban vida!

Cuando tomé la decisión de ver más allá de mí misma, pude ver que, aunque el corazón de Paige había sido reparado médicamente, este estaba muy quebrantado. *Ella había experimentado demasiado trauma.* Aunque yo sabía que seguía siendo Paige, ella no era la misma persona. No era la misma Paige que había lanzado la pelota roja en el avión, rodeada de personas que reían y disfrutaban su dulzura. Ahora, cuando la veía, ella no tenía gozo. No había evidencia de felicidad, ni entusiasmo por la vida. No había emoción alguna.

Empecé a tener otros pensamientos, *Ella es la inocente aquí. Ella no pidió esto. Ella es la que debe superar una vida con posible discapacidad. ¿Cómo puedo ayudarla?* Fue entonces cuando hice lo único que sabía hacer—derramar mi amor en ella, de todas las formas que podía.

Al principio, me encontré agradeciéndole a Dios por Paige. Iba cada día a la habitación de ella para ver cómo estaba; básicamente, para ver si aún vivía. Luego, le daba gracias a Dios por otro día con Paige. Cada día, que ella tuviera aliento en su cuerpo me llenaba de gratitud. Agradecer a Dios diariamente y en voz alta se convirtió en una rutina durante muchos años.

"¡Gracias, Dios, por otro día con Paige!".

"¡Gracias, Dios, por otro día con Paige!".

"Gracias, Dios, porque Paige despertó".

"¡Hoy es un buen día porque Paige despertó!".

Hasta hoy día, Paige dice periódicamente, "¡Paige despertó!". Y yo respondo, "Sí, lo hizo. Hoy es un buen día porque Paige despertó".

No me tomó mucho tiempo darme cuenta de que yo estaba aprendiendo a una edad muy joven lo que era importante en la vida. Cuando te enfrentas a una situación de vida o muerte, esta pone tu vida entera en perspectiva. Las cosas que una vez parecían importantes empiezan a tener poco significado. Descubrí que otro día con Paige era lo más importante. La vida podría estar llena de pruebas, pero cuando te levantas cada mañana y los seres queridos que te rodean también se levantan, va a ser un buen día.

Además de agradecerle a Dios por Paige, yo la cargaba. Ya no era un apego desde una postura de temor, porque esa antigua postura de temor en mi corazón ya no era mi enfoque. Ya no tenía mi atención. Cuando cargaba a Paige, ponía mis brazos alrededor de todo su cuerpo pequeño y la abrazaba fuertemente. Estos no eran abrazos al azar, sino abrazos intencionales con los que me había propuesto, en mi corazón, conectarme con ella. De alguna manera, era mi esperanza que estos abrazos le comunicaran cuánto la amaba. Aunque ella no reaccionaba o correspondía, yo la abrazaba cuando despertaba, cuando se acostaba y a lo largo del día. Mi corazón estaba saturado de agradecimiento porque estaba compartiendo la vida con Paige.

Nuestra Nueva Normalidad

De ninguna cosa hago caso, ni estimo preciosa mi vida para mí mismo, con tal que acabe mi carrera con gozo
Hechos 20:24 (RVR)

PAIGE Y YO ESTÁBAMOS aprendiendo a confiar de nuevo. No era que no queríamos confiar, sino que los eventos y resultados inexplicables habían llenado nuestra vida.

Yo quería saber por qué Paige estaba todavía usando oxígeno. Durante los meses anteriores a la cirugía de corazón, ella empezó a necesitarlo, pero yo siempre entendí que esa necesidad era solamente un indicador de que era tiempo de que había que operarla. Nos aseguraron que, una vez que la cirugía se completara, ella no iba a necesitarlo más.

Nadie podía darnos una explicación del porqué ella aún lo necesitaba, lo que me dejaba a mí desconcertada y confundida. *¿Por qué la hicimos pasar por todo eso? Externamente, ella se ve peor. Pasamos por todo esto, y no parece que hubiera alguna mejoría.*

Aunque nadie tenía una respuesta, una cosa era segura. Paige necesitaba oxígeno todo el tiempo. No podía ir a ninguna parte sin él.

Ahora, yo tenía otra opción, otra oportunidad de avanzar por encima de mis circunstancias actuales. Quizás no había una explicación, pero lo que sí sabía era que llevar oxígeno todo el tiempo no nos iba a mantener encerradas. Decidí quitar aquello que ponía limitaciones sobre nosotras. Decidí que Paige y yo saldríamos—íbamos a ir a celebrar la vida fuera de las paredes de la casa.

Tomé a Paige, con todo y oxígeno, y la puse en su carruaje. Ella ya no podía sentarse, así que coloqué varias almohadas detrás de su espalda, una sobre otra hasta que pudiera sentarse derecha. Yo quería que viera lo que sucedía a su alrededor. Luego, coloqué el tanque de oxígeno en el carruaje, y salimos por la cochera hasta la acera.

El brillo del sol tocó nuestro rostro, e inhalamos el aire fresco. Todo se veía radiante y el mundo estaba tranquilo. *Aquí es donde se supone que debemos estar. Se siente bien.* En la medida que continuamos paseando por la calle, algunos de los vecinos nos saludaron, querían conversar. Muchos de ellos habían preparado alimentos para nuestra familia justo después de que Paige naciera. Ellos habían estado pendientes de su vida.

Pasear por el vecindario era solo el comienzo. Empecé a llevar a Paige a todas partes. Si no estaba en su carruaje, yo la tenía cargada en un brazo, y con el otro sostenía el tanque de oxígeno que rodaba a la par nuestra. Para los demás debió parecer que nuestra vida tenía algunas restricciones. Quizá, pero yo no permití que estas nos limitaran. Estábamos disfrutando la vida plenamente. No hice esto por nadie, excepto por Paige, aunque los demás estaban mirando.

El cuerpo de Paige estaba todavía rojo e hinchado. Tenía mechas de pelo en su cabeza, y sus ojos estaban abiertos, pero ella no mostraba ninguna emoción visible. Si lo hubiera permitido, habría podido reaccionar sintiéndome extraña e incómoda ante la gente que nos miraba pero opté por no permitir que ninguna de las miradas me molestara. En cambio, mantuve mi cabeza en alto, orgullosa de mi hija, sabiendo que ella era perfecta y que, independientemente de cómo se veía, era hermosa.

Nuestra Nueva Normalidad

Cuando veía a la gente mirando curiosamente hacia donde estábamos, me detenía e iniciaba una conversación en vez de seguir mi camino. Les presentaba a Paige y compartía cuán especial era ella. La tendencia natural era preguntar, "¿Qué le pasa a ella?". Y como no veía nada malo en ello respondía, "No le pasa nada. Solo necesita el oxígeno para ayudarle a sentirse mejor". La mayoría de las veces, esto satisfacía su curiosidad.

Pronto me di cuenta de cuánta gente estaba mirando. Sin embargo, esta vez, empecé a darme cuenta de que la curiosidad no era necesariamente por Paige. Más bien, ellos estaban mirando cómo interactuaba yo con ella. Empecé a comprender que le estaba dando testimonio a la gente a través de mis acciones. Me decían, "Tú haces que parezca muy sencillo". Aunque era agradable escuchar esas palabras, yo pensaba generalmente, *Esto es lo que cualquiera haría, ¿verdad? Yo solo estoy optando por disfrutar la vida.*

No recuerdo cuánto tiempo pasó, pero Paige sí empezó a cambiar. El color de su piel mejoró, la hinchazón de su cuerpo desapareció y le volvió a crecer el cabello. Siempre había creído que los médicos y cirujanos participaban en la sanidad física del cuerpo, pero empezaba a ver que Paige recibía sanidad adicional en su ambiente.

Más importante que la apariencia exterior de Paige era el cambio que se estaba llevando a cabo en su corazón. Después de la operación, su corazón había sanado físicamente; sin embargo, yo podría ver que ahora se restauraba emocionalmente. Cuando la veía, pensaba, *Su corazón está sanando. La evidencia del trauma está saliendo de su cuerpo. Ella ya no está asustada como solía estarlo.*

El día en que vi a Paige volver a sonreír confirmó simplemente los cambios internos que yo sabía que estaban sucediendo en ella. No hay palabras para comunicar lo que significó para mí volver a ver su sonrisa. Cuando vi su rostro iluminarse, supe en ese momento *ella ha vuelto. Al igual que yo, está confiando otra vez.*

La Recaudación de Fondos

La entidad para la que trabajaba, CSCD, estuvo al lado de nuestra familia en su totalidad. Muchos se mantenían en contacto con nosotros regularmente, y todos sabían lo que había sucedido en Chicago. Ellos celebraban la vida de Paige y nuestro retorno a Texas. Lo que yo no sabía era que ellos, además, habían organizado una recaudación de fondos para nosotros.

Recibí una copia de la carta que se les había enviado a todos los empleados respecto a la recaudación. La carta provenía del subdirector, la misma persona que fue fundamental para que me concedieran el permiso de ausencia. Esta revelaba el deseo de ayudar a nuestra familia a través de una provisión financiera. Cuando la leí, las palabras conmovieron profundamente mi corazón. *No puedo creer que la gente quiera hacer esto por nosotros.* Estaba sobrecogida por la gratitud, y las lágrimas comenzaron a fluir. A continuación, algunas de las palabras de la carta:

> Muy pronto, usted se enterará de una familia muy fuerte y valiente. Ellos son especiales para nuestro departamento porque son parte de nosotros.
>
> A principios del año pasado, Sharon dio a luz a una hermosa niña. Paige Richardson vino al mundo prematuramente y con problemas físicos significativos, incluyendo un defecto cardíaco severo.
>
> Al principio, su sobrevivencia estaba en duda. Sin embargo, los doctores no se dieron cuenta de algo en ese momento; Paige es una luchadora y está determinada a sobrevivir
>
> Ahora, diecinueve meses más tarde, y después de nueve operaciones mayores, ella continúa luchando. Sharon ha tomado

un permiso de ausencia para estar con Paige mientras se esfuerza por vivir como una niña sana.

Un grupo de compañeros, empleados de CSCD, estará organizando una gran actividad para recaudación de fondos a favor de Paige. A medida que estas actividades se planifiquen y se lleven a cabo, esperamos que muchos de ustedes se ofrezcan como voluntarios en tiempo y esfuerzo.

Yo sé que todos nosotros, en el departamento, nos acercaremos a la familia Richardson en todas las maneras posibles durante los meses venideros.

Por favor, piensen en esta pequeña luchadora que anhela muchísimo vivir y vencer. Esta es una oportunidad única que tenemos para ayudar a un integrante de nuestra familia.

Mis amigos y compañeros de trabajo estaban uniéndose en un mismo sentir para apoyar a nuestra familia. No solo se envió esta carta por todo el departamento, sino que, además, me pidieron que enviara una fotografía de la familia para ponerla en un panfleto. Ellos colocaron panfletos alrededor de todo el condado, notificándole a la gente sobre la oportunidad de dar una contribución financiera a nuestra familia.

En diversas ocasiones, personas que no conocía se acercaban a mí para decirme que me reconocían por la fotografía que habían visto, quizás en una oficina o en un elevador. Aunque yo sabía que todo esto estaba sucediendo, la primera vez que alguien se me acercó, sentí que estaba en un sueño.

¡Esta debe ser la vida de alguien más, no la mía!

No podía creer que era de nuestra familia de la que estaban hablando. Era obvio que la gente con la que trabajaba amaba a nuestra familia. Amaban a Paige. Ellos caminaron la milla extra para ayudar a nuestra familia, lo cual nos demostraba cuán profundamente les importábamos.

La recaudación de fondos del departamento tuvo mucho éxito. En la época de Navidad, nos entregaron un cheque que ayudó a cubrir muchos de nuestros gastos mientras yo estaba en mi permiso de ausencia. Sin embargo, el tiempo pasó, y mi permiso estaba a punto de terminar. El día que yo estaba programada para regresar se acercaba cada vez más.

Varias personas empezaron a preguntarme, "¿Vas a regresar al trabajo o cambiaste de parecer?". Yo no había cambiado de parecer. Todavía necesitábamos el seguro médico. No tenía opción en esta decisión; necesitaba regresar.

Mi respuesta era siempre, "Sí, voy a volver".

¿Alguien Diga "Sí"?

Era obvio que regresar al trabajo significaba que no podría quedarme en casa con Paige. Lo que no era obvio era quién iba a cuidarla. Al igual que durante el primer año, los médicos no apoyaban una guardería pública. Nosotros lo comprendíamos, la diferencia esta vez era que Paige tenía el oxígeno puesto todo el tiempo.

Empecé a preguntar por todas partes y descubrí un listado de proveedores certificados a través del estado, quienes cuidaban niños en sus hogares. *Esto es perfecto, justo lo que había estado buscando.*

Una vez que tuve la lista, vi todos los nombres e imaginé cómo eran esas personas, cómo conservaban sus hogares y cómo trataban a los niños que cuidaban. De toda la gente en este listado, me preguntaba, *¿quién es la persona que va a cuidar a Paige?* Vi las diferentes direcciones y áreas de la ciudad, y marqué las que parecían sobresalir. Estaba preparada para hacer mi primera llamada.

No me tomó mucho tiempo descubrir que otras personas no sentían lo mismo que yo acerca de cuidar a Paige. Solo porque yo pensaba que Paige era fácil de cuidar, no significaba que los demás sintieran lo mismo. Mis llamadas telefónicas iban algo así:

"¡Hola! Soy Sharon Richardson. Encontré su nombre en una lista de cuidadores certificados". Después de las presentaciones, yo empezaba a hablarles de Paige.

"Tengo una hija de dos años y medio, y su nombre es Paige. Ella requiere cuidados especiales". Luego, esperaba a ver qué tipo de respuesta recibía. Si ellos no tenían problema con esto, entonces, yo compartía lo siguiente.

"Ella está física y mentalmente discapacitada".

Una vez más, esperaba una reacción. A este nivel, algunas personas se negaban amablemente. Otras, me pedían que les hablara más sobre las necesidades especiales, entonces les explicaba más. Si aún estaban en el teléfono después de lo que les decía, sentía que tenía esperanza.

A lo largo de la conversación, siempre sabía que tenía una cosa más que compartir, y pensaba, *Si están de acuerdo con lo siguiente, entonces ¡tengo potencialmente una niñera!* Era difícil ponerlo en palabras, y yo hubiera preferido postergarlo y tomar más tiempo. *Quizá si les digo todo rápido, ellos dirán que sí antes de darse cuenta a qué se están comprometiendo.*

Prácticamente cerraba mis ojos, sacudía la cabeza y respiraba profundamente. Luego, decía, "¡Ella tiene el oxígeno puesto permanentemente!". Después de respirar, esperaba. La mayoría de las veces, había un silencio incómodo, y yo sabía, por ese silencio, lo que iban a responder.

Me propuse en mi corazón que no iba a permitir que esas respuestas me afectaran, así que iba al siguiente número en el listado. Sin embargo, uno por uno, una y otra vez, la respuesta era: "Lo siento, pero no creo que vaya a poder ayudarle". Llamé a todos los que estaban en el listado —mucho más de cien llamadas telefónicas; no estoy exagerando esto— lo que significaba que tuve que escuchar las palabras "no le puedo ayudar" más de cien veces. Yo no esperaba esto. De hecho, ni siquiera había pensado en ello porque siempre asumí que alguien estaría dispuesto a ayudar. Sin embargo, con el tiempo, la realidad me enfrentó en cuanto a que no tenía a nadie que cuidara a Paige—ni una sola persona.

Comencé a desesperarme un poco. *¿Qué voy a hacer?* Mi mente se aceleraba, intentando encontrar soluciones posibles. *¡Tengo una idea! ¡Voy a llamar a la iglesia!* La iglesia que yo tenía en mente estaba cerca de nuestra casa. No asistíamos allí, pero, por nuestros familiares, ellos sabían quiénes éramos. En esta iglesia había una guardería.

Me di cuenta de que ir en esta dirección significaba que Paige no estaría en la casa de alguien. *Es una guardería, pero no una guardería pública, ¿cierto?* En realidad, yo no sabía lo que estaba bien, pero pensé que era una buena idea, así que llamé y le expliqué al hombre que estaba al otro lado de la línea lo que me presionaba y le pregunté si la iglesia podía ayudar.

Su primera respuesta fue, "No estoy seguro".

¿Qué? ¿No está seguro? No podía creer lo que estaba escuchando. Empecé a sentir que otra puerta estaba por cerrarse. Las siguientes palabras que dije salieron de una postura de desesperación. Dije, "Si la iglesia no puede ayudarme, ¿cómo puedo esperar que alguien más lo haga?".

Sí, esas palabras salieron de mi boca. Y sí, hubo un silencio en el otro extremo de la línea. De hecho, ambos extremos estaban en silencio.

Pero luego, él hombre habló. "Déjeme ver qué puedo hacer".

Resultó que la iglesia sí estuvo de acuerdo en cuidar a Paige durante un corto periodo. Me sentí optimista y se me quitó el peso de los hombros.

Ya que todavía tenía un poco de tiempo antes de regresar al trabajo, puse una fotografía de Paige en la cartelera de la iglesia, pidiendo ayuda. Se veía más bien como un anuncio. No estaba

Nuestra Nueva Normalidad

esperando realmente que algo saliera de eso; no obstante, mi teléfono sonó. Era Lisa. Yo no conocía a Lisa. Nunca la había visto, pero ella vio la foto de Paige en la cartelera. Hasta ahora, nadie había visto a Paige; solo habían escuchado sobre ella a través de llamadas telefónicas. Ahora bien, esta persona, Lisa, sí había visto a Paige.

Cualquiera que viera la fotografía de Paige habría sabido que ella usaba oxígeno, así que no me quedaba nada para contar. Lisa ya lo sabía, y las siguientes palabras que salieron de su boca fueron las más dulces.

"Tengo una hija de casi la misma edad y pensé que tal vez podía ayudar de alguna manera".

No podía creer lo que estaba escuchando. En vez de un "no le puedo ayudar", ¡alguien en realidad estaba diciendo que quería ayudar! ¡Acababa de recibir un milagro en forma de llamada telefónica! ¡Tenía a alguien para ayudarme con Paige!

El día llegó cuando mi año de permiso de ausencia terminó. Cuando hice la solicitud inicial, nunca imaginé que iba a pasar una pesadilla así, ni la montaña rusa que me esperaba. Paige ya tenía dos años y medio, y había atravesado muchísimas cosas. Todos habíamos atravesado muchas cosas; mucho más de lo que las palabras en estas páginas pueden verdaderamente comunicar. Pero Paige estaba viva, estaba sanando y la vida era buena. Por primera vez, la vida se sentía normal. Quizá no se veía normal para los demás, pero era nuestra normalidad, y la vida con Paige era buena.

Plenitud de Vida

*Me darás a conocer la senda de la vida;
En Tu presencia hay plenitud de gozo;
En Tu diestra, deleites para siempre.*
Salmo 16:11

LA VIDA ERA TAN NORMAL que incluso nos alegrábamos cuando Paige experimentaba una enfermedad normal de la niñez. Entre los regalos que recibió en su tercer cumpleaños estaba la varicela. De una manera, este evento de salud era más normal que cualquier otra cosa que habíamos experimentado en su vida hasta ahora. Una vez que nos dimos cuenta lo que le estaba pasando, en realidad pensamos, *¡finalmente estamos experimentando algo que pudimos haber anticipado!*

Cumplir los tres años también significaba que era tiempo de ir a la escuela. Durante esos primeros años, yo trabajé haciendo muchas cosas con Paige en casa. Además de sonreír, rodar, sentarse, hablar y comer, le enseñé bloques, libros, texturas, rompecabezas, bolitas y juegos, entre otras cosas; pero era obvio que ella no estaba desarrollándose igual que los demás niños. Ella no hablaba como una niña de tres años. Ella no caminaba como una niña de tres años. Había muchas cosas que Paige no estaba haciendo. Debido a estos retrasos en su desarrollo, tanto físicos como mentales, la inscribimos en el programa de educación especial de nuestro distrito escolar.

La expectativa llenó el primer día de clase cuando el enorme autobús amarillo se detuvo frente a nuestra casa. Paige y yo vimos el autobús juntas, desde la ventana de la cocina.

"Paige", exclamé emocionada. "¡El autobús ya llegó! ¡Está aquí! ¡Hoy te vas en el autobús!".

Ella nunca había viajado en un autobús, y yo anhelaba en mi corazón que fuera una experiencia emocionante para ella. Empecé a reunir lo que había planeado que Paige se llevara a la escuela. Luego, la llevé en mis brazos al autobús junto con el tanque de oxígeno en el cargador. El chofer nos saludó a Paige y a mí cuando nos subimos al autobús.

Una vez dentro, vi alrededor para encontrar el mejor asiento, y hallé disponible el que estaba detrás del chofer. *Este parece un buen lugar donde sentarse. Estará cerca del chofer y puede ver por la ventana.* Luego de asegurarme de que estaba adecuadamente sentada, le di un abrazo y un beso, y salí del autobús. Luego, volteé para verla otra vez. Ella me miraba con esos grandes ojos cafés. Estoy muy segura de que no tenía idea de dónde iba. Nunca había ido a la escuela, tampoco tenía concepto alguno de su significado. Mientras la miraba muchos pensamientos cruzaron por mi mente.

No puedo creer que ella vaya a la escuela.

Se ve fuera de lugar, sentada en ese autobús.

Apenas tiene tres años.

Un nudo empezó a formarse en mi garganta. *Debo seguir caminando. Ella va a estar bien. ¡Este va a ser un día maravilloso!*

A Paige llegó a encantarle el autobús, y pronto fue la mejor parte de su día. El autobús venía a nuestra casa todas las mañanas y todas las tardes, un año tras otro, durante diecinueve años. Además del gran autobús amarillo, hubo muchas otras experiencias durante esos años escolares que fueron significativas para ella. Algunas cosas que encontré útiles durante esos años de criar a una hija con necesidades especiales eran la música, la comunicación y el desarrollo.

La Música

Desde el momento que Paige nació, hasta ahora, ella ha estado expuesta a la música. El tipo de música que Paige escucha ha cambiado, pero el efecto de la música en ella, no.

La primera vez que Paige estuvo expuesta a la música sucedió solamente unos días después de su nacimiento. Ella recibió una caja de música roja, de cuerda, que tenía a Abelardo de Plaza Sésamo en el frente. La colocamos dentro de su incubadora y la hicimos sonar una y otra vez. La única canción que la caja tocaba era sencilla y repetitiva, y a la vez, tranquilizante, liberando una sensación de calma. Todavía tenemos la caja de música. Funciona más lentamente ahora, pero todavía suena. La hicimos sonar tanto durante los cuatro meses que Paige estuvo en UCI que ya no necesitamos darle cuerda para escuchar el sonido de la música. Con solo verla, yo puedo escuchar la música en mi mente.

No recuerdo cuándo conoció Paige formalmente al dinosaurio que canta, pero recuerdo claramente cuando yo lo vi por primera vez. Fue en Chicago, y Paige estaba en una condición crítica. Yo estaba de pie, al lado de su cama, orando por un milagro más en su cuerpo, y mientras estaba allí, recorrí la habitación con la mirada. Estaba llena de otros niños que también habían atravesado una operación de corazón. Con el tiempo, había visto a muchos de estos otros niños mejorar y salir de la Unidad de Cuidados Intensivos, pero Paige continuaba allí. En este día en particular, estaba observando a un niño que estaba viendo la televisión ubicada arriba de su cama, miraba a un dinosaurio morado que cantaba.

Empecé a sentirme un poco molesta con este dinosaurio—cuán feliz estaba y cuán feliz estaba el niño que lo miraba cantar. El niño parecía sano y sin nada de qué preocuparse, y me di cuenta de que yo hubiera dado cualquier cosa por tener algo de eso en nuestra vida. Yo no sabía que este dinosaurio cantor, que me irritaba, llegaría a formar parte de nuestra vida familiar.

En algún momento, después de nuestro retorno a Texas, Paige vio este dinosaurio cantor. Cuando lo vi, sabía que lo había visto antes. *Ah, sí, lo recuerdo. Este es el dinosaurio cantor que vi en Chicago. No estoy segura que me agrade o no. Este es el dinosaurio que parecía muy feliz.* Su nombre era Barney.

Mientras miraba a Paige, pude darme cuenta de que a ella le gustaba. Ella estaba feliz, al igual que el niño que vi en chicago. Había algo en la música, el canto, las canciones alegres y la manera en que se relacionaba con la vida, que ella disfrutaba. No tardé mucho en cambiar mi manera de pensar sobre este dinosaurio cantor. De alguna manera, él me hacía feliz a mí también.

Una de las canciones de Barney que Paige disfrutaba en particular era "Te quiero yo". A lo largo de los años, hemos cantado juntas la letra de esta canción. "Te quiero yo. Y tú a mí. Somos una familia feliz, con un fuerte abrazo [aquí es donde nos abrazábamos], y un beso [aquí es donde dábamos besos] te diré, mi cariño es para ti". Aquí es donde decíamos "te amo".

Hoy en día, cuando escuchamos a Barney cantar la canción "Te quiero yo", Paige dice, "¡Allí está! ¡Allí está!". Esta es mi señal para correr hacia ella para que podamos cantarla juntas y darnos abrazos y besos.

Se hizo evidente que la música le habla a Paige en un nivel distinto, así que mi esposo y yo la inscribimos en terapia musical. Durante la terapia musical, distintos conceptos e ideas, tales como: contar, aprender nombres de animales, etcétera, cobraban vida cuando se le añadía música. Hay algo en la música que le ayuda a Paige a entender. Cada vez que participaba en otro aspecto de la música, se hacía más aparente que esta sería una parte importante de su vida.

En la iglesia, Paige experimentaba la música tradicional de himnos. Sin embargo, en su adolescencia, ella descubrió una música menos tradicional, más pegajosa y alegre, y fue donde notamos un cambio mayor en su semblante. Esta música la hacía bailar, ¡mover su cuerpo y sonreír con gran gusto! Una vez que se hizo esta conexión, su inventario musical cambió radicalmente. Una de sus primeras canciones favoritas era "Blessed Be Your Name" (Bendito sea tu Nombre) de Matt Redman. Ella escuchaba esta canción una y otra y otra vez. Otra canción que le encantaba y estaba muy cerca de su corazón durante esta época era "Cuán grande es Dios", de Chris Tomlin. Repito, algo en el ritmo y la letra de esta canción le proporcionaba alegría y ¡la hacía bailar!

Un día, cuando Paige estaba escuchando su música, la encontré llorando. No estaba segura de lo que sucedía porque nunca la había visto así. Su música estaba tocando, así que escuché con atención para oír lo que ella estaba oyendo. Era Kari Jobe cantando la canción "Tu bondad", de Gateway Worship.

Esta canción está impactando a Paige.

"¿Qué sucede?", le pregunté.

Me dijo que no sabía.

"¿Estas feliz o triste?".

"Feliz", dijo.

Cuando escuché esta respuesta, lo supe—supe en mi corazón que el Espíritu Santo se estaba moviendo sobre ella y que esta canción estaba sanando unas áreas profundas en su corazón. De alguna forma, esta canción estaba tocando sentimientos y emociones que Paige no podía expresar verbalmente.

Paige alaba a Dios. Cuando estamos en cualquier lugar de adoración, ya sea corporativa, en el vehículo o en nuestra sala, cuando suena una canción conocida o la música tiene un ritmo pegajoso, es casi como si se encendiera una luz, ¡ella despierta! ¡Cobra vida! No puede evitar levantar los brazos en alabanza. Empieza a saltar y mecer su cuerpo. Muchas personas la han visto haciéndolo y han comentado que son ministrados al ver a Paige adorar y alabar a Dios.

Todo lo que respira alabe al Señor. (Salmo 150:6)

Estoy convencida de que la música ha ayudado a llevar a Paige a más plenitud de vida. Dadas las opciones musicales correctas, las palabras y los compases y ritmos que escucha continúan teniendo una influencia positiva en ella. Es divertido ver cómo la música puede cambiar el semblante y el estado de ánimo de una persona, ¡así de rápido!

Alabaré al Señor mientras yo viva;
Cantaré alabanzas a mi Dios mientras yo exista. (Salmo 146:2)

La Comunicación

Creo que la comunicación es extremadamente importante; de hecho, es clave. Siempre ha sido mi objetivo entender lo que Paige está diciendo, y lo he puesto como alta prioridad. Tal como mencioné antes, Paige empezó a aprender lenguaje de señas cuando tenía solamente unos meses de edad. Aunque me opuse al principio, el lenguaje de señas terminó siendo más útil de lo que esperaba. Empecé a ver que, a través de las señas, las manos de Paige hacían algo que su boca todavía no podía.

A Paige no le tomó mucho tiempo entender que mover sus manos de cierta forma tenía un impacto en su ambiente. Ella descubrió que cuando toca todos sus dedos al mismo tiempo, en cada mano, en la forma de una O y da golpecitos con las puntas de sus dedos, eso significa algo. Significa que está haciendo la seña de la palabra "más", y esta palabra tiene un significado. A ella le gusta esto. *Más* es una palabra divertida. *Más* significa que ella puede seguir haciendo algo que le gusta. La palabra más se ha convertido en una especialidad de Paige y, de hecho, en la vida de Paige, la palabra más significa "¡placer absoluto!"

El lenguaje de señas de Paige era muy básico; sin embargo, era útil. ¡Pero llegó el día en que empezó a hablar! Lo que llevaba en su interior empezó a salir. Yo sabía que eran palabras, aunque no tenían significado alguno para mí. A pesar de que no tenía ni idea de lo que ella estaba diciendo, sí sabía que estaba tratando de comunicarme algo.

Al observarla cuidadosamente, pude ver que estaba desarrollando su propio lenguaje. ¡Se estaba comunicando! Pronto reconocí que yo necesitaba aprender lo que ella estaba diciendo. No quería perdérmelo; esas palabras eran una forma de conectarme con ella, entenderla, conocerla mejor. *Esto es vital. Paige necesita saber que lo que sale de su boca tiene un propósito y un significado, y el potencial de cambiar su mundo.*

Mi entrenamiento empezó. Cuando las palabras salían de su boca, yo no me apartaba de su lado hasta estar segura de que nos habíamos comunicado. Muchas veces, se trataba de adivinar, y con frecuencia me preguntaba *¿Es esta la vez en que no voy a poder entenderla?* Me propuse en mi corazón que no iba a dejarla sin haberme comunicado con ella. No siempre fue fácil, pero cada vez que sucedía, no me apartaba de su lado hasta poder entender.

Cuando puedo, me es útil determinar el contexto en el que ella se comunica; ya sea la familia, la escuela, la casa, el pasado, el presente o el futuro.

¿Cuán Profundo Es Tu Amor?

En nuestros primeros días, cuando se me dificultaba entender, yo cargaba a Paige y la llevaba por toda la casa, preguntándole si podía mostrarme.

Un día, ella estaba pidiendo algo en la cocina. Lo que yo oía era, "Quiero tack. Quiero tack". Pero sus palabras no tenían sentido para mí. Así que la cargué y le pregunté, "¿Puedes mostrármelo? ¿Puedes señalarlo?". Ella entendió lo que yo le preguntaba y señaló un gabinete. La llevé al gabinete y abrí las puertas. Dentro, había bolsas de papel *(sacks, en inglés)*, y yo las señalé.

"Sacks?"

Ella respondió, "Sí, tack".

¡Claro, tack! ¡Es muy obvio! Obvio para Paige. Y obvio que yo era la que estaba aprendiendo. Lo mejor de ese momento era que ¡nos comunicamos!

También me di cuenta de que Paige no usa los patrones regulares de pensamiento. Muchas veces, el método que utiliza para comunicarse parece distinto; sin embargo, revela el pensamiento creativo. Por ejemplo, Paige, en su lenguaje, me dijo una vez, "Ve al frente". Yo entendí la palabra *ve*, pero no la frase *al frente*. Ella sabe cuando no le estoy entendiendo, lo que es útil en sí. Así que, una vez que se dio cuenta de que yo no entendía, puso su mano en su frente. Eso hizo que me esforzara a pensar porque podía verla con la mano en la frente.

"¿Ve frente?", pregunté.

Ella afirmó con su cabeza.

Una vez recibí la afirmación, yo sabía que *ella* se había comunicado, y ahora era el momento que *yo* le encontrara sentido. Medité en lo que ella decía hasta que lo entendí.

¡Oh! ¡Entiendo! "¿Ve al frente?".

Una vez más, lo afirmó y celebramos el hecho de que ella se estaba comunicando y yo estaba entendiendo.

Este es un ejemplo más de su pensamiento creativo. Paige estaba tratando de comunicar la palabra 'next' (siguiente, en inglés). Yo no estaba captando. Una vez más, ella supo que no le estaba entendiendo, así que empezó a señalar su cuello.

Le pregunté, "¿Neck?" (cuello, en inglés).

Ella respondió, "No". Pero no se quitó la mano del cuello; seguía señalándolo.

Ella sabe de qué está hablando—soy yo la que no está entendiendo. Así que analicé lo que estaba haciendo hasta que tuve una revelación brillante. Una vez que pude conectar las ideas, dije, "¿Next?".

Ella dijo, "¡Sí!".

¡Y celebramos!

Siempre he celebrado la comunicación con Paige. Incluso hoy día, —mientras ella continúa formando oraciones más largas, comunicando conceptos nuevos y usando palabras más sofisticadas— celebramos. Actualmente, ella usa palabras como "absolutamente" (gracias, tía Lucy) y "dramático". Ella sabe que llevan cierto peso, y se divierte usándolas. A veces, yo me refiero afectivamente a su lenguaje como "el lenguaje de Paige". Pero ¿quién puede decir que su lenguaje no es el idioma perfecto?

Tengo la fuerte convicción en mi corazón de que el éxito de Paige en comunicarse ha tenido un impacto directo en su felicidad. Ella tiene una voz, y es escuchada. También creo que su capacidad de tener una forma de comunicación ha disminuido la posibilidad de que ella se enoje o se frustre. Este proceso requiere paciencia, determinación y dedicación, pero la recompensa de un hijo feliz, sin frustraciones, es invaluable.

El Desarrollo

Soy impulsora. Creo fuertemente que todos tienen potencial y que todos pueden crecer. Siempre he optado por quitar las etiquetas y las limitaciones de las personas. Como resultado de esta tendencia natural, he podido animar a Paige a hacer cosas que otros tal vez no pensaron que fueran posibles.

Hay algo en cada uno de nosotros que se siente bien después de haber podido cumplir con una tarea—aún más cuando es algo difícil. Crea una sensación de satisfacción que nos hace sentir bien con nosotros mismos. Creo que esta sensación de logro hace que estemos dispuestos a intentarlo de nuevo.

Ya que tengo esta tendencia de ver las cosas de esta forma, le he permitido a Paige hacer todo lo que puede hacer fácilmente. Además, la he presionado dándole ánimo para hacer cosas más difíciles—cosas que ella y los demás podrían considerar imposibles. Nada de esto fue para intentar "arreglarla" porque eso significaría que se trata más de mí que de ella.

Paige es baja de estatura y menuda, parece más joven de lo que es y se moviliza con un andador y una silla de ruedas. Aunque puede caminar con andador, no es muy ágil. La mayoría de lo que hace es a un ritmo más lento. Muchas personas quieren ayudarla, lo cual es una gentileza; sin embargo, mucho de eso no le da a ella oportunidades para experimentar el triunfo, o incluso el fracaso.

Mi deseo es darle el tiempo que necesita para hacer las cosas que puede hacer con facilidad. A ella le gusta cuando hace cosas por sí misma. Ahora me dice, "Lo hago sola". A través de estas oportunidades, ella ha podido experimentar la sensación del triunfo, y el sentido de su identidad y valor propio.

También le he dado a Paige oportunidades para esforzarse. De hecho, las busco. Cuando veo algo que ella no ha intentado o experimentado, visualizo mentalmente cómo sería que ella lo haga. Si considero que es capaz, lo intentamos. Si parece que no va a funcionar, nos detenemos. La mayoría de las veces terminamos logrando algo nuevo; ¡y es emocionante!

Nunca he ignorado ni descartado algo que puede ser difícil. Cuando ella está probando algo nuevo, yo reconozco el hecho de que lo que tiene enfrente es complejo. También le doy ánimo diciéndole cosas como, "Yo sé que es difícil, pero conozco cuán fuerte eres. Creo que puedes hacerlo". O podría decir, "Eres muy inteligente. Estoy muy orgullosa de ti por intentarlo". Cuando Paige recibe este tipo de estímulo, está dispuesta a tratar. Me quedo a su lado, la miro y le ayudo si es necesario, pero la mayoría de las veces, descubre por sí misma que es capaz de hacer lo que pongo frente a ella— esa "cosa" que ella pensaba que no era posible.

Paige ha experimentado con éxito muchas cosas nuevas en su vida, cosas que no había conocido. (Lo compartiré más adelante). En el proceso, nunca he intentado "repararla". La manera que yo lo veo es que arreglar no es desarrollar. "Arreglar" viene de un lugar de frustración dentro de uno mismo, haciendo que uno vea a la persona que tiene enfrente y ve algo dañando. Para mí, desarrollo es ver a la persona que está en frente de ti y mirar la belleza que está en su interior. Es en esta aceptación que la belleza emerge.

Asombrosa y maravillosamente he sido hecho;
Maravillosas son Tus obras. (Salmo 139:14)

Siempre me he propuesto a ayudar a Paige a alcanzar su máximo potencial, pero este deseo ha sido por ella, no por mí. Animo a todos a que descubran algo que ustedes saben que su ser querido puede hacer y lo celebren. Luego, encuentren algo que creen que él o ella no pueda hacer y hagan que lo intente. Uno nunca va a saber lo que ellos pueden hacer si no lo intentan. Nosotras hemos probado muchas cosas nuevas y maravillosas al compartir nuestra vida Paige y yo.

Fue Idea de Dios, No Mía

*Muchos son los planes en el corazón del hombre,
mas el consejo del Señor—permanecerá.*
Proverbios 19:21

TRABAJÉ OCHO AÑOS MÁS, y luego Dios me trasladó del trabajo a la casa. Fue Dios quien lo hizo porque yo no tenía intención alguna de dejar mi empleo. Habíamos alcanzado muchos logros y progresado mucho. Paige tenía diez años. Desde los cuatro años ya no usaba oxígeno permanentemente, y ahora estaba en quinto grado. Después de la escuela, el autobús llevaba a Paige al hogar de un proveedor certificado para el cuidado de niños. Yo estaba en una rutina regular y muy cómoda, y no tenía planes de hacer ningún cambio. La decisión de trabajar hasta poder retirarme seguía siendo el plan. Al menos eso pensé.

Durante esta época, mi esposo estaba en Bible Study Fellowship (BSF), un estudio bíblico semanal. Posiblemente ahora sea diferente, pero en ese tiempo, si uno quería completar el estudio, tomaba siete años lograrlo.

Cuando un amigo lo invitó a asistir, sentí un poco de envidia. Había escuchado de BSF antes, así que sabía lo que significaba esa invitación. En ese tiempo íbamos a la iglesia y estuvimos asistiendo desde que Paige tenía dos o tres años, pero yo quería ir a BSF. Quería aprender más de la Biblia, aunque no veía cómo podía incluirlo en mi agenda.

Lo veía a mi esposo leyendo la Biblia y haciendo la tarea. Se volvió obvio que este estudio era un compromiso, y yo podía ver que él estaba comprometido. Lo vi estudiar todas las semanas; no había manera que esto encaje en mi itinerario. En vez de sentir envidia, opté por cambiar esos sentimientos para estar feliz por él. Mi corazón se llenó de gozo porque él podía asistir.

Poco después de que mi esposo empezó BSF, mencionó la idea de que yo dejara de trabajar y me dedicara a la casa. Estaba en la cocina, preparando la cena una noche cuando él lo mencionó, pero yo no hice caso de sus palabras. Aunque él tenía un empleo en este tiempo donde podía hacerse cargo del seguro médico, yo aún no pensaba que eso podía ser una posibilidad. Así que aunque lo había escuchado antes, no estaba segura de que estaba hablando en serio. No fue sino hasta que él me llamó al trabajo que me di cuenta cuán serio estaba.

Generalmente, no nos llamábamos en horas de trabajo, por lo que sabía que esta llamada era importante. Nos saludamos y luego, él se quedó callado. Yo sabía que estaba tratando de decir algo, así que esperé. Finalmente, después de que el silencio se empezó a sentir un poco largo, pregunté, "¿Está todo bien?".

"Si".

Seguí esperando, sin decir una palabra.

"Creo que Dios quiere que dejemos tu trabajo para estar en casa". Abrí grande los ojos. *¿Qué? Esas eran las mismas palabras que había dicho en la casa, pero ahora las estaba oyendo desde su trabajo.*

Las palabras "Dios quiere que dejemos" llamaron mi atención. No recuerdo si dije algo o no, pero él repitió las mismas palabras otra vez. Cuando habló esta vez, fue diferente. Las palabras salieron de un lugar de quebranto desesperación y humildad. Lo que llamó mi atención fueron sus emociones. No supe que decir, excepto "Bien, podemos hablar más de esto cuando llegue a casa". Pero yo sabía. Sabía lo que estaba a punto de suceder.

Estoy por dejar mi empleo, mi carrera. El único trabajo que he tenido desde la universidad.

Tan pronto como colgué el teléfono, no había tiempo que perder. Salí directo de mi oficina, subí las gradas, y llegué con mi supervisor, quien era aún la Directora de Servicios Judiciales y mi amiga. Entré a su oficina.

"Detesto molestarte, pero necesito hablar contigo".

Ella no me esperaba, pero me recibió, y yo fui directo al punto.

"No creo que vaya a estar trabajando aquí mucho más tiempo".

Apenas pude imaginar lo que ella pensaba en ese momento porque ninguna de las dos había tenido alguna conversación sobre mi partida.

"¿Pasa algo?", preguntó.

Le conté sobre la llamada telefónica que había recibido unos momentos antes. "Hay algo diferente en esta llamada telefónica. Las emociones en las palabras de mi esposo no son usuales en él. No lo he visto así antes. Tiene que ser Dios. Creo que Dios se está moviendo dentro de él".

Hice una pausa breve. "Si no dejo el trabajo, entonces no estoy honrando lo que Dios está diciendo y lo que Él está haciendo en la vida de mi esposo".

Ella escuchó solamente. Tres meses después, confiando en Dios, dejé mi empleo de dieciocho años.

Mi último día de trabajo fue en junio, y Paige estaba en las vacaciones de verano. Luego de que mi esposo se fuera a trabajar, quedamos solo nosotras dos otra vez, Paige y yo.

¡Vamos a ir al parque!

Cuando llegamos allí, en vez de sentirme llena de alegría, estaba un poco aturdida. *¿Qué le acaba de pasar a mi vida?* El trabajo siempre había sido muy gratificante para mí. No me importaba trabajar. De hecho, me sentía completamente viva cuando estaba en el trabajo. Me gustaban los retos, la sensación de logro, la gente y las relaciones. Pero ahora, estaba en casa.

Con Paige a mi lado, vi alrededor del área de juegos, pensando, *¿Quién no desearía esto? ¿Quién no quisiera tener lo que tengo, poder estar en casa y no trabajar?* Yo sabía que había tomado la decisión correcta. Sabía que había recibido algo bueno, pero no sabía qué hacer conmigo misma. No sabía cómo pasar este tiempo. Me sentía perdida.

Esto se volvió más obvio en los días siguientes cuando reconocí que ir al buzón de correo para ver si había correspondencia, se había convertido en lo mejor de mi día. Algo debe estar mal conmigo. *Todos los demás piensan que yo debería estar feliz. ¿Por qué no estoy feliz por mis nuevas circunstancias?*

Aquí estaba yo, explorando otra vez mis pensamientos y sentimientos. *¿Qué pasa aquí? ¿Por qué me siento así?* Empecé a ver que mucha de mi identidad venía de mi trabajo, de mi carrera. Había cuidado a Paige por diez años; sin embargo, aparentemente el trabajo había dejado una huella mayor en mi identidad que cualquier otra cosa. *No estoy segura de quién soy sin mi empleo.* Esta consciencia hizo que me formulara más preguntas sobre cómo me veía a mí misma. *¿Quién soy fuera del trabajo?* Al hacer esta pregunta, estaba empezando a ver que era más de lo que yo sabía que era. Empecé a ver y a saber que era más que mi trabajo, que cualquier trabajo.

No solo la percepción de mi identidad cambió—sino que mi percepción de estar en casa también cambió. Me di cuenta de que no estaba apreciando el regalo que había recibido de parte de Dios y de mi esposo, el regalo de estar en casa con Paige. Una vez más, en vez de sentir que lo había perdido todo, empecé a darme cuenta de que había recibido una bendición más.

Al decidir confiar en Dios y dejar mi carrera, Él pudo ayudarme a soltar mi antigua identidad y a recibir lo nuevo que Él estaba haciendo en mi vida. Dios me ha demostrado que puedo confiar que Él puede darme una mejor calidad de vida con Paige.

Y, sí, Dios me dio una mejor calidad de vida con Paige. De hecho, empezó antes de que yo dejara de trabajar para quedarme en casa.

Paige tenía cuatro años cuando empecé a notar que no había cambios en su color ni en su respiración cuando le quitaba el oxígeno por cortos periodos, tales como cuando se bañaba, se vestía, etc. Le mencioné esto al neumólogo durante nuestra visita de rutina.

"Podemos quitarle el oxígeno durante veinte minutos para ver cómo reacciona", dijo.

Yo respondí con un "está bien".

Pasaron veinte minutos, y la enfermera regreso a revisar la saturación de oxígeno de Paige. De repente nos dirigíamos a casa sin el oxígeno. ¡Paige estaba bien! Sin embargo, el neumólogo puso una condición: "Quiero que se lo ponga en la noche".

Eso no es nada. Después de tres años, ¡hoy es el día en que ya no necesitamos llevar el tanque a todos lados!

De un Lado a Otro

Bendito serás cuando entres, y bendito serás cuando salgas. (Deuteronomio 28:6)

Aunque Paige está discapacitada tanto mental como físicamente, la hemos llevado a todas partes durante toda su vida. En los primeros años, cuando no sabíamos cuántos días la tendríamos con nosotros, me propuse que ella disfrute al máximo sus días en esta tierra. No dejé que ningún evento complejo de la vida nos impida participar, y con modificaciones, busqué maneras para superar cualquier obstáculo. Como resultado, Paige no se ha perdido de nada en lo que ella ha querido involucrarse.

En los primeros años, llevé a Paige al parque, al zoológico, a museos, a montar en bicicleta, a nadar, al cine, al supermercado, de compras, a la iglesia—a todas partes la llevé.

Cuando creció, fue al campamento de verano, experimentó los vehículos motorizados, Six Flags over Texas, escuela bíblica de vacaciones, montar a caballo, el parque Putt, los bolos, una membresía al gimnasio, quedarse a dormir en casa de sus amigas y fiestas de cumpleaños.

Paige ha viajado, ha asistido a varios festivales, escalado conmigo (yo la llevaba en la espalda), ha experimentado los rápidos en balsa y el canopy—¡el cielo es el límite! Hemos tenido que superar un tanque de oxígeno y limitaciones físicas, pero si había una forma de llevarlo a cabo, lo hacíamos. Aunque he sido la precursora en la mayoría de estas cosas, mi esposo siempre estaba muy dispuesto e involucrado también.

Los Primeros Años

Durante mi permiso de ausencia inicial, uno de los primeros lugares a donde llevé a Paige fue a la laguna de los patos cerca de nuestra casa, allí les dimos de comer a los patos. Le ayudé a Paige a cortar pedazos de pan y luego le mostré cómo lanzarlos. Fue divertido y un poco emocionante ver cuán cerca de nosotras llegaban los patos. Nos rodearon con sus graznidos solo por un pedazo de pan.

Después de la laguna de patos, empecé a encontrar una variedad de parques y eventos donde podíamos caminar al aire libre. Durante esos momentos, no estábamos de prisa, sino que absorbíamos todo lo que sucedía a nuestro alrededor, los paisajes y los sonidos y los encuentros con diferentes personas.

Y para disfrutar del aire libre empecé a salir en bicicleta con Paige. Siempre me había gustado montar en bicicleta, así que mi esposo y yo decidimos comprar un vagón para bicicleta para que Paige fuera conmigo. Paseábamos, paseábamos y paseábamos más. Ella disfrutaba del movimiento, y los topetoes la hacían reír.

"De un Lado a Otro" le ha dado a Paige la oportunidad de ver cosas que no habría visto normalmente en casa. La furgoneta azul era el primer regalo que yo sabía que quería. Paige la vio en una tienda de juguetes. Me tocaba para llamar mi atención y me lo señalaba. Cuando miré hacia arriba y vi la furgoneta, supe: *Ella quiere esto. ¿De dónde obtendría esta idea?*

Cuando Paige cumplió tres años, la furgoneta azul pasó rodando a la sala de estar y su rostro se iluminó de emoción y placer. Ella todavía recordaba esta furgoneta, y el deseo de tenerla no había cambiado. Con nuestros corazones llenos de alegría viendo el entusiasmo de Paige, la colocamos dentro. Ella no podía moverla con sus piernas, pero podía mover el volante. A nadie le preocupaba lo que ella podía o no hacer —no tenía importancia— ¡ella estaba feliz!

Hasta lo de la furgoneta azul, nunca me había dado cuenta cuánto estaba absorbiendo Paige al ir "de un lado a otro". Este evento me permitió ver que ella tenía pensamientos y sentimientos por lo que veía.

Fue más que una furgoneta azul. Pude obtener un vistazo del corazón de Paige.

Crecimiento

Paige tenía casi cinco años cuando vio un carrusel por primera vez. Este no tenía los típicos caballos—en cambio tenía carros para sentarse, y Paige quería dar vueltas en uno de esos carros. Aunque ella no tenía las palabras para expresar lo que quería, era persistente en señalar con determinación. Esta vez, su deseo era un desafío para mí. Sabiendo más de los carruseles que ella, no estaba segura de cómo iba a reaccionar al movimiento repentino cuando empezara a dar vueltas. También me preguntaba qué debía hacer si ella quería bajarse antes de que se detenga.

Decidimos hacerlo, y la puse dentro de uno de los carros y me alejé. El carrusel empezó a moverse, y los carros daban vueltas y vueltas; para mi sorpresa—¡a ella le encantó! Usando su lenguaje de señas limitado, ella me pudo comunicar *¡más!* Sabía lo que quería. No tenía miedo y le encantaba. Esta experiencia abrió todo un mundo nuevo. Sí, saltamos de carruseles a montañas rusas. En poco tiempo, compramos los boletos de temporada para el parque de diversiones Six Flags over Texas ¡porque a Paige le encantaban los juegos mecánicos!

Dos años después, cuando Paige tenía siete, salió a la venta el Jeep de Barbie. Hasta entonces, Paige había dependido totalmente de mí y de otros para cualquier traslado más allá de las paredes de nuestra casa. Cuando tenía cuatro años, cuando solo podía deslizarse y rodar por el piso, recibió su primer andador. Aunque podía caminar con el andador, no llegaba muy lejos. No sabíamos que el Jeep rosado de Barbie le abriría una puerta de mayor independencia a Paige.

Parecía una buena idea dárselo de regalo, pero no estaba segura de cómo este Jeep que funcionaba con baterías iba a servir. No había manera de saber si Paige podría entender cómo hacer que se mueva, mucho menos si iba a poder manejarlo, pero lo compramos de todas maneras.

Afuera, en el estacionamiento, la puse en el Jeep y le mostré el pedal en el piso. Coloqué su pie sobre el pedal y le dije, "¡Empuja!", a la vez que hacía un poco de presión en su rodilla para ayudarle a entender lo que yo estaba diciendo. Ella captó la idea y puso su pie en el pedal y empujó, pero lo quitó rápidamente. Practicamos esto varias veces hasta que entendió el concepto, y luego ¡echó a andar!

Ella se puso en movimiento—salió del estacionamiento y ¡se fue por una calle sin salida! Yo sabía que ella no tenía control alguno a dónde iba, así que salí rápido detrás de ella y empecé a correr a la par suya, gritando, "¡Por aquí. Por aquí, Paige! ¡Gira el volante para acá!". Ella entendió y giró el volante. Luego, corrí al otro lado del Jeep y dije, "¡Por aquí. Por aquí, Paige! ¡Gira el volante para acá!". Ella entendió y giró el volante hacia ese lado.

Hice esto una y otra vez, hasta que Paige aprendió a manejar el Jeep de Barbie. Ella sabía cómo hacerlo avanzar, y sabía cómo detenerlo. Yo estaba muy orgullosa de ella. Fue mejorando cada vez más, apoyándose menos y menos en mis instrucciones. Conmigo corriendo a su lado, con el tiempo, aprendió a manejar el Jeep por todo nuestro vecindario.

Por primera vez, vi a otros niños corriendo a la par de Paige e interesándose en ella. Cuando estaba en el Jeep, se veía como ellos, y eso hizo que mi corazón se alegrara.

Paige también disfrutaba las muchas reuniones familiares y estar con sus primos, salir a pedir dulces, ir a fiestas de cumpleaños, escuela bíblica de vacaciones o el campamento de verano en casa de los abuelos. Ya que era hija única, sus primos se volvieron más como hermanos y hermanas.

La Escuela Primaria

Cuando Paige aún estaba en la escuela primaria, nos dijo en su propio estilo que quería ir a patinar para su cumpleaños. No estoy segura cómo se le ocurrió esta idea, pero lo llevamos a cabo. Fui a nuestra pista de patinaje local y les dije que Paige estaba en silla de ruedas (ella la usa en la comunidad) y su deseo era tener una fiesta de patinaje para su cumpleaños. No vieron problema con este pedido, así que invitamos a sus compañeros de la escuela. Ninguno de sus compañeros era parte del programa de educación especial—eran compañeros de educación regular. Me sorprendió que todos los invitados querían ir a la fiesta de patinaje de Paige. Lo mejor aún era que todos ellos querían empujar a Paige en su silla de ruedas alrededor de la pista.

La Escuela Secundaria

> "Paige tiene mucha motivación; lo cual creo que recibe de su mamá. Ella no conoce sus límites porque no se le han impuesto límites".
> —Sra. Regal,
> Maestra de Educación Primaria

Tanto en la escuela como en la iglesia, había un par de niñas que se interesaron en Paige. Vi este interés como una oportunidad para que Paige tuviera amigas; así que me propuse reunir a las niñas para que, junto con Paige, hicieran cosas divertidas. Hicimos maquillaje, manicura, horneamos galletas, fuimos a nadar, pasamos la noche juntas, comimos pizza, hicimos palomitas de maíz, y hasta fuimos "De un lado a Otro" juntas. Fuimos al cine, al centro comercial y a varios lugares de comida. Digo "nosotras" porque yo siempre estaba con el grupo. Como las niñas todavía estaban pequeñas, no estaba segura como podía Paige tener estas experiencias sin mí. Yo quería que ella disfrute lo que es tener amigas.

También he querido que Paige encaje tanto como sea

> "La exclamación favorita de Paige siempre ha sido "¡más!". Su espíritu dulce y valiente la lleva a vivir esta palabra para que Dios y el mundo lo vea". —Sra. LeBlanc, Maestra de Educación Secundaria.

posible, y he tratado de vestirla con la moda del momento. Los niños se dan cuenta. La gente lo nota. No es la ropa, ni lo que cuesta lo que hace a una persona, pero la tendencia natural es notar esas cosas que son diferentes acerca de alguien. La ropa no necesita ser una de esas cosas.

Yo les pregunté a muchas personas, "¿Qué es lo que se ponen las niñas de esta época? ¿Qué clase de cosas les gusta? ¿Qué está de moda o qué es popular ahora?". Paige no podía decirme esas cosas, así que yo intercedía por ella.

Paige estaba en la escuela secundaria cuando fue nominada y elegida como la "Estudiante del Mes". Nos dijeron que es un alto honor y a los estudiantes se les evalúa y selecciona sobre la base de varias áreas, tales como el carácter. Esto le dio reconocimiento a Paige porque colocaron su nombre en la marquesina frente a la escuela durante varios días.

Vida en la Comunidad

A lo largo de los años, Paige tuvo muchas citas de terapia, incluyendo terapia física, ocupacional y del habla. Además, hizo terapia de equitación. Todo esto se volvió parte de nuestra rutina. Al crecer Paige, salió de la mayoría de esos programas, y fue cuando empecé a llevarla a un gimnasio.

Un día, pasé por un gimnasio cerca de nuestra casa y hablé con el gerente, Paige me acompañó. Le dije que me gustaría que Paige haga ejercicio en una caminadora y levantara pesas. Él me escuchó, vio a Paige y dijo, "Voy a darle a ella una membresía VIP. ¡Nunca tendrá que pagar mientras yo esté aquí!". Acabábamos de recibir un favor, algo que continúa hasta el día de hoy.

Empecé a llevarla al gimnasio un par de días a la semana, allí usaba la caminadora y levantaba pesas. Paige disfrutaba su tiempo allí, y la gente lo notaba. La miraban mientras caminaba a paso de tortuga en la caminadora. La miraban empujando y jalando pesas en algunas de las máquinas. Unas cuantas personas se nos acercaron y nos dijeron que ver a Paige las inspiraba. Una persona dijo, "Después de ver lo que ella está haciendo, no tengo nada de que quejarme". Paige estaba siendo un ejemplo para los demás con solo llevar una vida vencedora.

Viajes

Paige ha viajado en avión regularmente, empezando con el vuelo a Chicago. Viajamos incluso durante los años cuando estuvo con oxígeno permanente. Como ella todavía usa oxígeno por la noche, viajamos con una máquina portátil. A lo largo de los años he hecho arreglos para oxígeno en el avión, en el hotel y en los traslados. Viajamos con su andador y carruaje plegable también. Además, llevamos una máquina nebulizadora portátil para los tratamientos de respiración—lo que sea necesario. Ninguna de estas cosas nos ha impedido viajar.

Durante nuestros viajes, a Paige la cargué en mi espalda en una caminata de casi cinco kilómetros, subiendo un lado de una montaña a un lago hermoso en Montana, y otra vez hacia la cima del volcán Diamond Head (Cabeza de Diamante) en Hawaii. El temor no nos impidió poner a Paige en una balsa para que experimentara rafting en aguas bravas. Tampoco le impedimos andar en una llanta remolcada por una lancha.

Paige ha visitado Italia dos veces. La primera vez que fuimos, no lo pensé dos veces. Parecía un viaje divertido, así que fuimos. Paige pudo ver la Torre de Pisa mientras sostenía en su mano su bebida favorita, Dr. Pepper. Ella ha estado en el Coliseo en Roma y ha visto el David de Miguel Ángel.

Como decía el poema sobre Holanda, yo alejé mis ojos de Italia cuando Paige acababa de nacer para empezar a buscar los tulipanes en Holanda. Ahora, cuando miro hacia atrás, me doy cuenta de que nunca fuimos a Holanda, y de hecho, mi vida con Paige ha sido vivida en Italia. Hemos experimentado todo lo que Italia tenía que ofrecer.

El poema "Bienvenidos a Holanda" sí me ayudo. Me habló directamente hace casi treinta años cuando lo necesitaba verdaderamente. Sin embargo, nuestra vida no es ni un poco más lenta que la vida en Italia. Nuestra vida no es menos hermosa que la vida en Italia. Hemos vivido todo lo que Italia puede ofrecer. Estoy segura de que Holanda tiene molinos de viento y tulipanes hermosos, pero yo no terminé yendo al destino equivocado. Llegué al destino correcto—el que Dios había tenido siempre para mí.

Graduación

Hoy, estoy sentada en un auditorio grande con muchos otros padres y estudiantes porque hoy se gradúa Paige del bachillerato. Hay bastante más de setecientos estudiantes y miles de familiares y amigos. Todos los estudiantes llevan sus birretes y sus togas. Mientras estoy aquí sentada, empiezan a llamar por nombre a los que están listados en el programa. El nombre de Paige está casi al final.

Al pasar uno por uno, la gente vitorea mientras su ser querido camina por la plataforma. Yo espero y espero mientras llaman a todos. Continúo mirando el programa para encontrar el nombre de Paige, de alguna manera creo que esto va a agilizar el proceso.

Entonces, veo a Paige salir de la fila de sillas donde estaba sentada. Está tomando su posición. El presentador está acercándose a su nombre en el boletín. Me doy cuenta de que, en un parpadeo, lo que tomó muchos años lograr está por quedar registrado en la historia.

Y ahora, el momento ha llegado. Escucho el nombre de la niñita a la que di la vida, mi hija había logrado mucho. Mi hija, la que se suponía que no iba a vivir. Escuché al presentador decir, "Paige Richardson".

Mis ojos se me llenaron de lágrimas, la vi subir a la plataforma. La Sra. Alvarado, una maestra especial y amiga, empujó a Paige en su silla de ruedas. ¡Estaba a punto de recibir su diploma de bachillerato! Traté de fijar eternamente este momento en mi memoria. Vi a Paige estirar su mano para recibir su diploma. Con vítores y aplausos de muchos, nos pusimos de pie, celebrando este momento en la vida.

Más tarde ese día, hubo otra gran fiesta. La casa estaba llena de familiares y amigos, yendo y viniendo, mientras celebrábamos este logro en la vida de Paige—no tanto un logro escolar, sino su logro de vida.

Paige se ha convertido en una persona hermosa por dentro y por fuera. A lo largo de los años, su cuerpo y su corazón han sanado. Ella tiene una familia que la ama, y a ella le encanta estar rodeada de gente.

> "¡Ella siempre tendrá un lugar especial en mi corazón!". Al igual que muchos, yo amo a su hija. Ella me ha enseñado muchísimo".
> —Sra. Alvarado, Maestra de Bachillerato

Aunque Paige está física y mentalmente discapacitada, ella tiene muchos intereses. Le encanta la música, montar a caballo y andar de un lado a otro, y siempre está dispuesta a ¡*más*! Principalmente, su sonrisa, su risa y sus enormes ojos cafés iluminan cualquier lugar.

Ese día celebramos momento tras momento, recuerdos tras recuerdos, de la vida compartida con Paige.

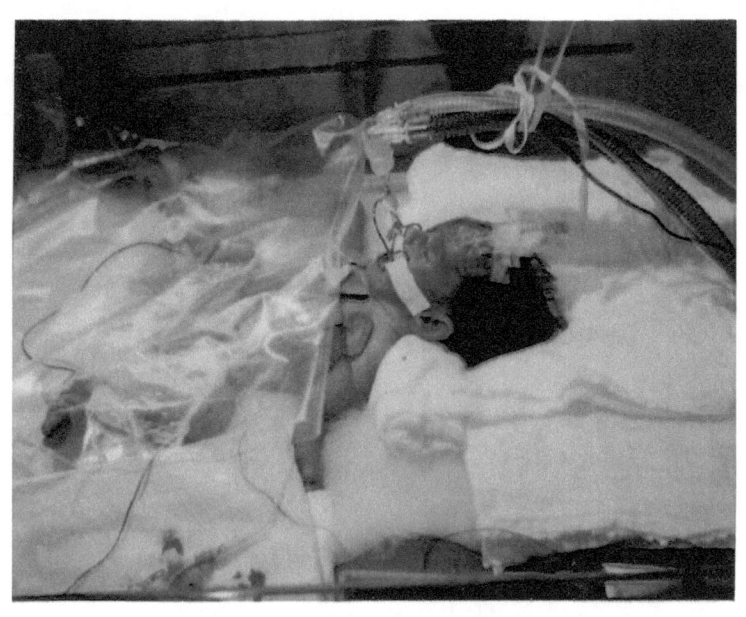

Paige a los tres días después de su primera cirugía

Preparación del cuarto del bebé antes del nacimiento de Paige

Paige a los dieciocho meses, en el aeropuerto de Chicago, yendo al hospital

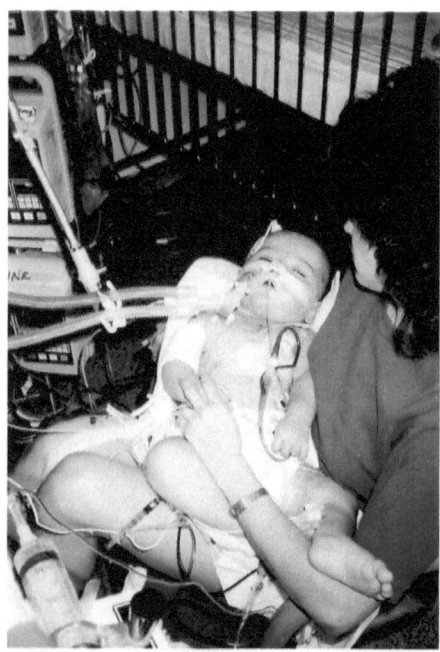

Sharon y Paige en Chicago, sin saber si Paige sobreviviría

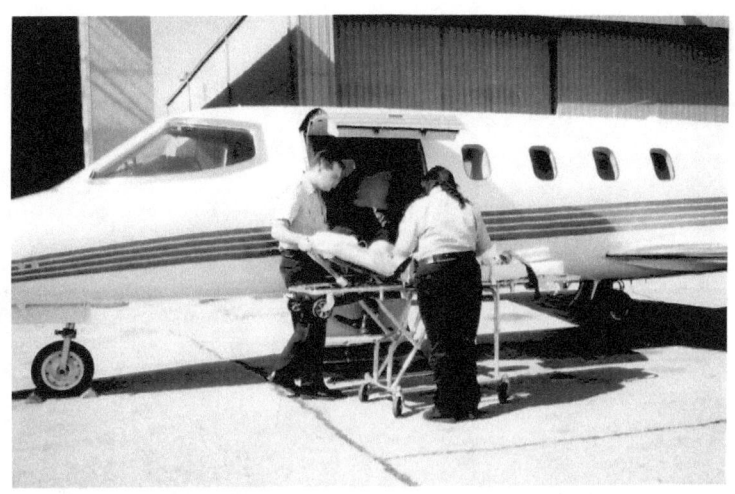

Ambulancia aérea de regreso de Chicago a Texas

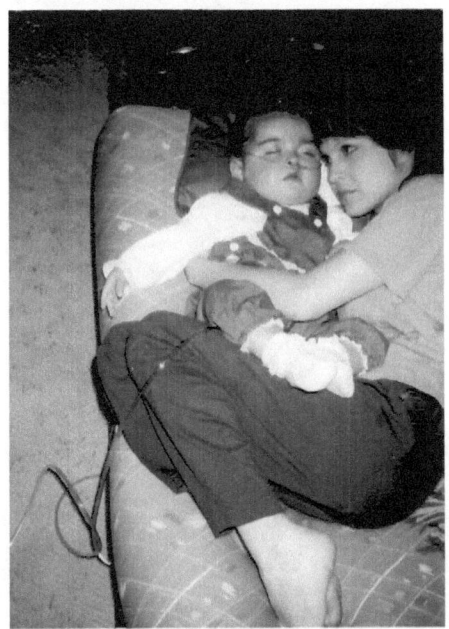

Sharon aferrándose a Paige después de escuchar las palabras del doctor, "El tiempo lo dirá"

Una fotografía de las primeras salidas "de un lado a otro" con Paige

Paige a los siete años en su *Jeep* de Barbie

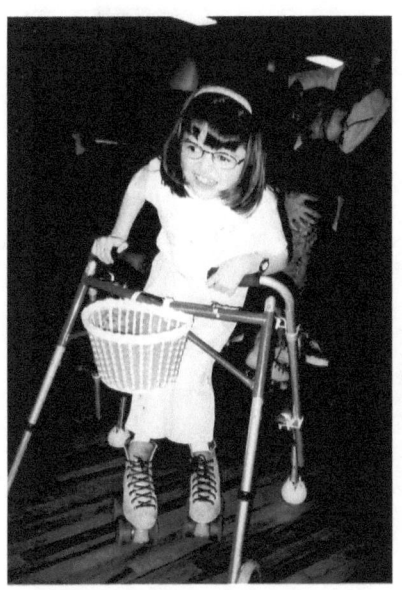

Paige a los diez años en su fiesta de patinaje

Paige a los doce, escalando con mamá a la cima del volcán Cabeza de Diamante en Hawái

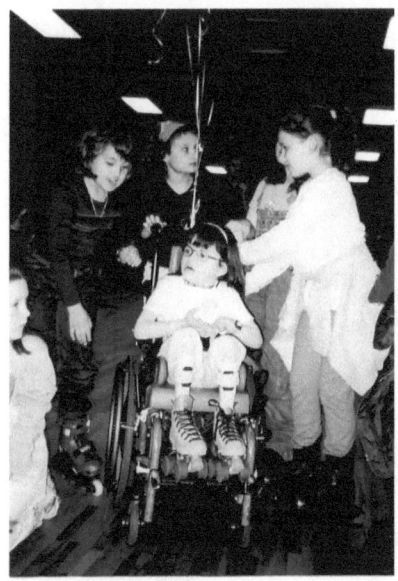

Paige con sus amigas en la fiesta de patinaje

Paige a los quince con dos de sus amigas más cercanas

Sharon y Paige en una de nuestras aventuras

Paige a los veintitrés, columpiándose de una liana con la ayuda de mamá

Disfrutando de una rara nevada en Texas

El primer viaje de Paige a Italia, a los catorce años, frente a la Torre de Pisa

El segundo viaje de Paige a Italia, a los veintiséis, con un amigo de viaje, Babe Laufenberg

La graduación de bachillerato de Paige, con una de sus maestras favoritas, la Sra. Alvarado

Los Primos

"La vida con Paige es tener una mejor amiga, una animadora y un sistema de apoyo todo combinado en una prima sonriente. Su energía y actitud positiva son alentadoras y contagiosas. Su corazón está concentrado no solo en el Señor, sino en todos los que la conocen. La vida con Paige nunca es solitaria. Tengo una amiga que viene a dormir a mi casa, una compañera de películas, de compras y de karaoke todo en una misma persona. Me encanta escuchar el dulce eco de '¡igual que Chandler'! La vida con Paige es divertida, y no la cambiaría por nada del mundo". —**Chandler**

"Un recuerdo especial que tengo de Paige es cuando estuvimos visitando a los abuelos. Todos habíamos salido con el abuelo en el remolque jalado por su vehículo todo terreno. Dimos con un parche de roca y tierra y el vagón dio vuelta y todos los nietos salimos volando, todos excepto Paige. Ella seguía sentada en el mismo lugar, casi como metida a presión, sana y salva. No podía dejar de reír, lo que hizo que todos nosotros riéramos con ella. Eso es algo hermoso que Paige nos ha dado siempre, la capacidad de reír a pesar de cualquier dificultad que estemos enfrentando. Ella tal vez no entienda todo completamente, pero una parte de mí cree que ella está más consciente de lo que nos deja ver, y la risa es su manera de decir, 'Todo está bien'". —**Robby**

"Siempre te he admirado, tía Sharon, por lo bien que has cuidado a Paige. Algunas personas la verían como una carga, ¡pero tú siempre la has visto como una bendición! Eso es algo de lo más inspirador que he visto. No importan las luchas que has enfrentado, siempre lo haces con tu cabeza levantada y una sonrisa en tu rostro. Eres una de las mujeres más fuertes que conozco. —**Christopher**

Las Tías y el Tío

"Sharon es la razón por la que Paige ha logrado tanto a lo largo de su vida. La determinación de Sharon y su amor por Paige la ayudaron a lograr cosas que los doctores decían que Paige nunca haría, como caminar, hablar o comer. Paige supera todas las expectativas. La fe fuerte de Sharon y su amor por Dios la guiaron a través de todas las pruebas y tribulaciones de Paige. Sharon nunca ha tratado a Paige como si tuviera una discapacidad. Ella la ha criado para que sea normal, como cualquier otra persona.

"También me encanta el espíritu de Paige. A lo largo de los años, Paige ha aprendido a tener su propia relación con Dios. Ahora le encanta compartirla con los demás y orar por ellos. Paige tiene la mejor vida porque ella no juzga a los demás, sino que ama a todos independientemente de su trasfondo. Paige no odia porque no sabe cómo, ella solo sabe cómo mostrar amor. Paige es la réplica más cercana de Dios que uno pueda obtener. Después de todo, Él la hizo a su imagen". **—Christi/Hermana**

"Paige es un verdadero regalo de Dios; nadie puede negarlo. A Paige le encanta compartir su amor por Dios con toda persona que encuentre. Ella es muy sociable. Algunos pueden pensar que ella no entiende; sin embargo, eso no es cierto, ella sabe de todo lo que hablamos y tiene sentimientos como cualquier otra jovencita a su edad". **—Chica/Cuñada.**

"Has hecho un excelente trabajo con Paige. Estoy seguro de que ella no estaría con nosotros si no fuera por ti. Eres el ángel en la tierra y Paige es el milagro. Las amo a las dos". **—Eric/Hermano**

El Divorcio

Por tanto, lo que Dios ha unido, ningún hombre lo separe.
Marcos 10:9 (LBLA)

CUANDO COLGUÉ el teléfono, escuché una voz en mi mente que decía, "Este va a ser un año verdaderamente malo". Me quedé parada. *Qué raro. ¿De dónde vino eso?* Al principio, no era el significado de las palabras lo que parecía extraño—fue lo claramente que escuché esa voz. Era como si una persona había hablado dentro de mi cabeza. *¿Qué está diciendo esta voz?* He escuchado a Dios en varias ocasiones —cuando me dijo que Paige era un regalo y cuando me animó a través de la Escritura— pero esta voz era muy clara y parecía estar hablándome de mi futuro. No estaba familiarizada con esto. *Muy extraño.*

Mi esposo estaba sentado cerca de mí y noté que no se había movido desde que había colgado el teléfono. "¿Quién llamó por teléfono?", preguntó.

Le dije quién era, y luego le conté lo que había oído en mi mente. Me escuchó atentamente, pero no estaba tan intrigado como yo sobre el mensaje o la voz. En cambio, me dijo palabras de afirmación.

"Oh, Sharon, estoy seguro de que todo va a estar muy bien".

"Supongo", respondí. Así que a pesar de sentirme intrigada por ello y un poco confundida, me lo quité de la cabeza optando por no pensar más en el asunto y seguir con mi rutina. Lo que no sabía era que sí iba a ser "un año verdaderamente malo".

Nueve meses después, mi hermano menor, quien tenía solamente treinta y siete años, murió repentinamente. Yo estaba en medio de una crisis matrimonial de la que nadie sabía. En medio de lo que estaba pasando, no recordaba la voz clara ni las palabras que había escuchado en mi mente al principio del año—las palabras que parecían estar hablándome de mi futuro. Estaba demasiado concentrada en tratar de hacer que todo funcione.

Unos días antes de Navidad, mi esposo, con quien había estado casada durante dieciocho años, se fue de la casa. El día que se fue, yo no pensé en las palabras que me había dicho al principio del año, cuando no se movió después de colgar el teléfono—las palabras que me habían parecido muy afirmativas: "Oh, Sharon, estoy seguro de que todo va a estar bien".

Todo no estaba bien. La vida que conocía estaba cambiando drásticamente. La conmoción y la incredulidad me llenaron — también la pérdida y la tristeza, el entumecimiento emocional y la confusión. Palabras conocidas de hace mucho tiempo entraron en mis pensamientos: *Esta tiene que ser la vida de alguien más. Definitivamente no es la mía.*

Su partida laceró profundamente mi corazón, y el quebranto se instaló rápidamente. No tenía idea de cómo iba a atravesar esto. Mi cabeza daba vueltas, llenándose de todo tipo de pensamientos y preguntas. *¿Qué va a pensar mi familia de todo esto?* Nuestra familia no había sanado de la pérdida de mi hermano de tres meses atrás. *¡Mis padres! Ellos todavía están de luto por la muerte de uno de sus hijos, y ahora yo voy a añadirles más dolor y tristeza a causa de mi vida. ¿Y cómo voy a poder enfrentar a nuestros amigos?*

No había habido ninguna señal de problemas en nuestro matrimonio. *¿Cómo voy a poder pasar por las puertas de nuestra iglesia?*

Externamente, nuestra familia lo tenía todo. *¿Qué le acaba de pasar a mi vida?* Yo estaba en una incredulidad total. *¿Y Paige? ¿Qué hay de su vida?* Llena de una gran tristeza, me sentía muy sola.

Sentada en la sala de estar de nuestra casa en un quebranto total, pensaba en Paige. *Necesito mantenerme fuerte para Paige. Ella no necesita sentir el impacto de lo que sucede en mi corazón. De alguna manera necesito protegerla de toda esta tristeza que tengo en este momento. Su mundo no debe cambiar a causa de mis emociones.* Hasta donde sabía, su mundo no había cambiado. Era la época de Navidad, una época que celebramos y ella estaba en el receso escolar de Navidad.

Me propuse hacer exactamente eso—celebrar la Navidad. Lo primero que hice fue meter a Paige en el vehículo e ir a ver luces navideñas. Era un gran esfuerzo pasearla por todas partes, pero lo hice por ella. Estuve conduciendo por varios vecindarios, señalando las luces navideñas que me llamaban la atención—las grandes y las que desbordaban belleza. Yo quería que Paige las viera. No quería que extrañara nada.

Cuando miré el asiento del copiloto, vi el rostro de Paige. *Ella está llena de mucho gozo y deleite, es muy dulce e inocente. Al evaluar mi corazón, sé que ella va a estar viendo mi reacción a los eventos que suceden en mi vida. Va a poder sentir mi alegría o mi tristeza. La manera en que atraviese esto tiene el potencial de provocar que esta alegría desaparezca.* Estaba muy claro para mí que se me había confiado el cuidado de un corazón hermoso.

Dios siempre me ha confiado el cuidado y la protección del corazón de Paige. Yo lo cuidé desde el principio cuando salió del hospital cuando creé una atmósfera de paz y le dije cuánto la amaba. Después de más trauma, le ayudé a su corazón a confiar nuevamente al darle más amor y pronunciar vida sobre ella. Paige ha tenido toda la vida esto de mi parte y de los demás. Su corazón ahora está lleno de vida. No quiero ver que algo de esto desaparezca. *Necesito ayudar a proteger su corazón.*

Ya que la Navidad estaba a pocos días, yo sabía que debía contarle a mi familia inmediata. Todos estábamos enfrentando la realidad de que mi hermano no estaría con nosotros esa Navidad, ni en ninguna otra, y que el vacío y la tristeza nos iba a acompañar. No habíamos hablado mucho de esto porque era una conversación difícil. Pero era obvio que cada uno, en lo personal, estaba lidiando con la dificultad de esa época navideña. Yo sabía que después de escuchar mis noticias, nuestra familia tendría que lamentar un matrimonio que se estaba desmoronando como también el luto por la muerte de mi hermano.

No fue fácil, pero le conté a mi familia. De alguna manera logramos pasar la Navidad ese año. No obstante, en poco tiempo me di cuenta de que esta experiencia era más grande que yo y que mi corazón dolido. Solo porque mi familia sabía lo que estaba pasando en mi vida no cambiaba mi situación. Estaban desesperados, igual que yo, por verme en un mejor lugar, aunque no podían hacer nada excepto animarme. Ese era mi recorrido. Era la única responsable de mejorarlo.

Al principio sentía que mis emociones llenaban el tiempo. Los segundos parecían días —los minutos parecían meses— los días se sentían interminables, y ni siquiera había pasado un día completo. Algunos días, levantarme en la mañana era todo lo que podía hacer. Pero no solo tenía que cuidar de mí—tenía a Paige.

Una tarde, miré hacia la mesa de la cocina y vi a Paige sentada mirando fijamente por la ventana; inmediatamente, supe lo que estaba pasando. En ese momento, me di cuenta, *Ya no puedo proteger a Paige de mi realidad. No hay manera de que yo pueda aislarla de lo que está sucediendo en el matrimonio.*

Paige no sabe cómo entender un reloj, pero sí tiene un reloj interno. Este está acostumbrado a una rutina. Era aproximadamente la hora en que papá vendría a casa. Estaba sentada en su silla, viendo por la ventana como ella lo hacía siempre, esperando que él llegara en el vehículo.

Lo que yo sabía, y ella no, era que, ese día, y en los días venideros, él probablemente no iba a llegar a casa. Mientras miraba a Paige, recordé una vez más que yo tenía otro corazón que cuidar. Quizá no había podido protegerla de todo lo que sucedía, pero podía ayudar a proteger su corazón. Aun así me preguntaba, *¿Cómo será ¿Cómo podré manejar su corazón en esta época?*

Uno pensaría que la sorpresa del nacimiento de Paige, con todas las complicaciones y desafíos que lo acompañaron no se compararía a esto, pero de algún modo esto parecía mucho más grande. Esta era la segunda vez en mi vida que yo necesitaba sacar de mis depósitos internos.

Empecé a buscar, pero fui muy cautelosa al atravesar este territorio inexplorado. Esta vez, acudí directamente a Dios y esperé a que Él me dijera qué hacer.

"Dios, necesito tu ayuda. No sé cómo hacer esto", oré. "No tengo ni idea. Me siento muy sola. Me siento aislada. ¿Cómo voy a salir de este pozo? ¿A quién le voy a contar? ¿Qué digo? Tengo muchos amigos, pero ¿con quién debo compartir esto?".

He conocido a Dios, y Él siempre se ha manifestado a mi favor a lo largo de mi vida. Sin embargo, he escuchado de personas que "escuchan a Dios" con regularidad. Hasta este momento, no había experimentado a Dios de esta manera. Ahora, quería hacerlo. Lo primero que escuché fue la palabra honra. Sentí como que había recibido instrucciones de honrar.

Honrar al padre de Paige. ¿Pero a qué se asemeja eso?

La siguiente vez que vi a Paige mirando por la ventana, le hablé. "¿Estás esperando a tu papi?".

"Sí".

"No creo que papi venga a casa en este momento, pero sé que te ama. Sé que papi te ama muchísimo. Él ama a su niña".

Cuando la ví buscándolo nuevamente, ese día o cualquier otro, le decía, "¿Extrañas a papi?".

Al responder sí, yo le decía, "Siento mucho que extrañes a tu papi. Yo sé que tú lo amas muchísimo. Y sé que él te ama a ti también".

Luego, orábamos por papi. Muchas veces, después de hacer esto, yo iba a la otra habitación y lloraba. No fue fácil, pero lo honré y cuidé del corazón de Paige.

Pronto descubrí unos sentimientos ocultos cuando hacía esto. No tenía paz. Así que me aparté y empecé a examinar mi corazón. *Quiero ver si puedo descubrir de qué se tratan estos sentimientos.* Empecé a imaginar mentalmente diferentes escenarios, varias cosas que habían sucedido. Cuando pensaba en un evento, si este no tenía efecto alguno sobre mí, pensaba en otro evento. Hice esto hasta llegar a un evento que me dolía. Entonces, me detenía y preguntaba, *¿Por qué me molesta esto?* A medida que me hacía más preguntas, descubría qué era realmente lo que me molestaba.

Descubrí que en realidad estaba más de acuerdo en que las acciones de mi esposo me afectaran a mí, pero no estaba de acuerdo de que esas mismas acciones afectaran a Paige. Mi corazón se rompía ante la idea de que Paige no tuviera ambos padres viviendo con ella. Me había sentido orgullosa a veces del hecho de que su vida había sido diferente hasta ese momento en comparación con la de muchos otros niños con necesidades especiales. Ella tenía a ambos padres amándola y viviendo con ella. Seguía siendo amada, pero ahora no vivía con ambos padres, lo cual nunca fue la intención de Dios. El impacto en ella de nuestro matrimonio lleno de problemas me molestaba porque ella era una testigo inocente, y no había hecho nada para merecerlo.

¿Qué hago con estos sentimientos? Me preguntaba. Una parte de mí quería aferrarse a ellos, pero yo sabía que eso no era lo que se suponía que yo hiciera. Tenía una opción. Yo sabía que necesitaba perdonar.

¿Cómo es el perdón?

El perdón no es un sentimiento. Es una elección. El perdón no significa que tú estás de acuerdo con la acción que sucedió. Tampoco significa que estés excusando la acción. Lo que sí significa es que tenemos la opción de elegir soltar los sentimientos que tenemos hacia alguien porque estos están solamente afectándonos a nosotros. Nuestros sentimientos no están haciéndole nada a la otra persona. Si elijo aferrarme a esos sentimientos, lo único que harán será envenenarme a mí. Si me aferro a la falta de perdón, solo me lastimará a mí. Perdonar es realmente un regalo que me doy a mí misma.

Elegí perdonar, pero todavía había veces cuando me sentía triste por la forma en que esto afectaba a Paige. Era un proceso. Siempre tenía la opción de regresar a la falta de perdón, pero continué escogiendo perdonar. Decidí hacerlo por mí. Una vez que perdoné, sentí que Dios me pedía que orara por el papá de Paige. Así lo hice. Oré por él y le pedía a Dios que lo bendijera. No lo hice por ninguna otra razón que no sea por saber que era lo correcto. Yo sabía que Dios me había dicho que lo honrara, y Él me había dicho que orara. Este proceso de perdón fue de beneficio para mí; ayudó a sanar mi corazón.

Navegar por la vida con Paige era el único aspecto determinante de este cambio repentino en mi vida. Durante muchos años ya, habíamos asistido regularmente a la iglesia y teníamos muchos amigos. La iglesia es como una extensión de mi familia; sin embargo, no sabía a quién podía hablarle. Lo único que vino a mi mente fue no decirle nada a nadie. Mi deseo era mantener cubierto a mi esposo. *El amor cubre, ¿verdad?* Eso parecía ser lo correcto. En mi mente, el amor lo cubría a él, pero el amor también nos cubría a nosotras. Yo estaba creyendo que esto pasaría, que él volvería, y que no tendríamos que contarle a nadie. Me sentí equipada para ir a la iglesia.

A pesar de que me sentía equipada, tuve que forzarme a atravesar las puertas de nuestra iglesia. Yo sabía que tenía instrucciones de cubrir, pero pronto me di cuenta de que era a mí a quien quería cubrir. Seguía pensando que todos podían ver la palabra "separada" o "divorciada" sobre mi cabeza. Entré por la puerta con Paige y sin mi esposo. Preguntándome cómo iba a interactuar con todos, me di cuenta rápidamente que era un desafío a mi identidad.

Aquí voy de nuevo. ¿Qué me está pasando?

Después de la iglesia, tuve un tiempo a solas con Dios. Quería preguntarle que había pasado en la iglesia. Dios, ¿qué es lo que estoy sintiendo? Mientras yo escuchaba, sentí que Dios me decía con una voz suave— "¿Sabes cuál es tu identidad? ¿Sabes de dónde proviene tu identidad? ¿Viene del hombre o de Dios? ¿Estás preocupada por lo que el hombre piense de ti, o por lo que Yo digo de ti?". Sí, esto definitivamente tiene que ver con mi identidad.

¿Cómo se ve mi identidad?

Durante este tiempo, Dios reveló que mi identidad no viene de una persona o de lo que el mundo diga, sino de quien Dios dice que soy. Me di cuenta de que no tengo control sobre la vida de alguien más ni sobre las elecciones o decisiones que tomen. No significa que sus elecciones y decisiones no tengan impacto directo sobre mí porque sí lo tienen, pero no me definen.

Sentía que Dios estaba diciendo, "Estar casada es solamente un aspecto de tu ser integral". De la misma manera soy hija, hermana, amiga, mamá. Estos son solamente aspectos diferentes de quien yo soy; sin embargo, cada uno, individualmente, no me define. Soy mucho más que una persona que está casada. Dios dice que soy muy valiosa y digna. Soy una buena persona. Soy amable. Estoy llena de amor. Merezco ser amada. Todos los años de ser yo no desaparecen solo a causa de un evento en mi vida. Estas verdades inundaron mis pensamientos. *Dios me está ayudando. Él es quien me recuerda quién soy y quién es Él.*

¿Pero en qué manera me ayuda esto a seguir adelante?

Sí me ayudó. La siguiente vez que atravesé las puertas de mi iglesia, recordé que mi identidad estaba en quien Dios dice que soy. No importaba lo que la gente pensaba de mi situación. Dios sabía lo que estaba pasando, y Dios conocía mi corazón.

Nuestra familia era muy conocida en esta iglesia, así que no era fácil esconderme en la parte de atrás del santuario. Repito, decidí sostener mi frente en alto, entrar a la iglesia con la confianza y la gracia que Dios había derramado sobre mí. Me llené de alegría y felicidad cuando interactué con todas las personas hermosas que conocía a lo largo de los años. No había vergüenza.

Te basta Mi gracia, pues Mi poder se perfecciona en la debilidad.
(2 Corintios 12:9)

Lo que me pareció increíble fue que pasaron varios domingos antes de que alguien notara que mi esposo no estaba. Y si se dieron cuenta, no dijeron nada. Quizás estaba bajo una cobertura. La primera vez que alguien preguntó, yo honré a mi esposo. *El honor no habla negativamente en contra de la otra persona.* Por lo tanto, las palabras que dije no fueron negativas. *La honra busca el mayor bien para esa otra persona.* Les pedí a los demás que me llevaran en oración. *El honor restaura y no destruye.* Si la persona que preguntaba era uno de los amigos cercanos de mi esposo, yo sugería que hablara con él.

Elige honra.

Honrar a otros te permite seguir andando firmemente en situaciones que parecen imposibles de atravesar, lo que se convierte en gracia sobre gracia y mantiene la paz en tu corazón.

El tiempo pasaba. Aunque la mayoría de la gente no conocía la historia completa, la iglesia parecía ser bueno para Paige y para mí. Yo estaba contenta con esto; sin embargo, había otro grupo de personas con quienes estaba aprendiendo a atravesar esta época difícil.

Yo asistía en ese tiempo a BSF, el mismo estudio en el que mi esposo estaba al momento en que Dios me llevó a dejar de trabajar y estar en casa a tiempo completo. Después de que dejé mi carrera, pude darle un espacio a esto en mi horario. Como resultado de asistir a BSF, la Biblia cobró vida. Por primera vez en mi vida, las Escrituras que leía empezaron a tener significado. Y por primera vez en mi vida yo amaba mi Biblia.

Ya estaba en el séptimo año de asistir a BSF. Cada semana, en nuestros grupos pequeños, teníamos la oportunidad de presentar peticiones de oración. Yo no lo hacía regularmente, pero sentí que necesitaba refuerzo adicional, así que le pedí al grupo que orara por mi esposo. Ellos no conocían los detalles—solamente sabían que debían orar por él. Dios conocía los detalles. Yo lo cubrí.

A lo largo de quince meses, luché por el matrimonio. Oré por él. Ayuné. Hice todo lo que sentía que Dios me pedía hacer. Y aunque estaba experimentando a Dios como nunca en mi vida, empezaba a hacerse aparente que el matrimonio no se reconciliaría. De hecho, iba en dirección opuesta—mi matrimonio estaba terminando. Dios incluso me estaba hablando sobre soltar la esperanza de la restauración.

Aunque esto me entristeció profundamente, Dios me recordó que Él siempre trabaja a mi favor, y que el deseo de su corazón es que la gente permanezca casada. Yo creía que Él iba delante de mí, y confiaba que Él le había dado a mi esposo y a mí la misma oportunidad de verlo hacer una obra maravillosa en nuestra vida. Sin embargo, Dios también estaba mostrándome que se requieren de dos personas para procurar esto. Él me mostraba que si solamente una persona se mueve en esa dirección, sencillamente no puede funcionar. A Él también lo entristece. No obstante, Él me estaba liberando.

El día en que sucedió, yo no estaba en la corte. No quería estar allí, así que no fui. Nunca supe el momento en que pasó. Sentí que Dios me había evitado esa experiencia. De hecho, estaba fuera de la ciudad, visitando a mi familia en otro estado. Ese es el recuerdo que Dios me dejó.

Volviendo a Bible Study Fellowship, tal como mencioné, mi esposo había estado en la lista de oración, y mis amigos habían orado una y otra vez por él. Ya que ahora estaba divorciada, pensé que probablemente era el momento para quitarlo de la lista. Ellos no sabían que estaba divorciada, y me di cuenta de que no quería que lo supieran—y no eran solo ellos. En realidad, yo no quería decirle a nadie.

Aquí voy nuevamente. ¿De qué se trata todo esto, Dios? ¿Qué está pasando conmigo? ¿Es otra vez eso de la identidad? Yo sabía que necesitaba estar a solas con Dios y hacerle estas preguntas, y durante mi tiempo a solas con Él, descubrí lo que estaba pasando conmigo. A continuación incluyo una de las anotaciones que hice en mi diario:

> Estoy descubriendo que pronunciar las palabras "Estoy divorciada" es difícil para mí. ¿Por qué? He sabido que pronunciar estas palabras es difícil, pero ahora hallo que hay más en esto. Una vez que las diga, no podré mantener en privado este fracaso personal. Estaré exponiendo mi falta de perfección ante el mundo. ¿Qué van a pensar de mí? ¿Seguirán queriéndome? ¿Me van a rechazar? Estoy teniendo pensamientos de sentirme menos y de la posibilidad de perder amigos.

Fue después de haber escrito esto en mi diario que Dios me recordó que nada de ello era cierto. Me recordó que yo no era un fracaso, y que la gente aún me amaba no me rechazaría y que aún tendría amigos. ¡Esta era la verdad que yo deseaba abrazar!

Dos meses después, tuve la oportunidad de hacer esto el último día de BSF en mayo. Tradicionalmente, el último día se lo conoce como "El día para compartir". Es un día donde te paras al frente de todos y compartes lo que Dios ha hecho en tu vida durante el año. Das tu testimonio.

Cuando la invitación llegó, pensé, *Nunca he ido ese día donde se comparte . En siete años, nunca he estado en ese día.* Al pensar más en eso, llegué a la conclusión, *¡Creo que voy a ir! ¡Podría ser divertido ver de qué se trata todo esto!* Y luego vino otro pensamiento: *¿Se espera que yo comparta ese día? ¡Ay, no!* Yo sabía hacia dónde iba esto. Ponerme de pie delante de la gente nunca había sido uno de mis dones. Sin embargo, tuve la fuerte impresión de que Dios me estaba pidiendo que hiciera algo que me haría sentir incómoda.

"Dios, si tú quieres que vaya allí, entonces muéstrame lo que quieres que comparta".

Y lo hizo.

A la semana siguiente, me hallaba de pie frente de al menos cuatrocientas mujeres dando mi testimonio— el testimonio de cómo me encontré en medio de un divorcio después de dieciocho años de matrimonio. Compartí con estas mujeres mi recorrido de sanidad y la manera en que Dios había andado conmigo a través del fuego, y cómo ahora yo estaba del otro lado. Les conté que yo deseaba sanidad completa y que Dios me había mostrado un área donde yo no había sanado.

Compartí que no podía siquiera decir la palabra divorcio. Dije, "No me gusta esta palabra. A Dios no le gusta esta palabra. No es su perfecta voluntad. No es quien yo soy en Cristo, pero es parte de mi historia. Sé que necesito poder pronunciar esta palabra". Después de decir esto, de pie frente a todas esas mujeres, dije las palabras que me habían mantenido cautiva. Respiré profundamente y dije, "Estoy divorciada". Nada cambió en ese momento, pero les conté que había sido difícil decirlo.

¡Dios me estaba liberando Y se siente bien ser libre!

> Así que, si el Hijo os hace libres, seréis realmente libres. (Juan 8:36)

El divorcio es doloroso. Aunque la intención de Dios para cualquier matrimonio nunca es que termine, Él es fiel en volver a edificarnos. Eso fue lo que Él hizo por mí. Me propuso atravesar esa temporada con Él. Escribí mis pensamientos en mi diario, leí Escrituras sobre divorcio, relaciones, amor, marido y mujer, dolor, pacto, etcétera. Aprendí. Crecí y Él sanó mi corazón. Dios me mostró mi identidad. Aprendí a confiar en Él. Trajo paz a mi corazón. Me mostró cuando avanzar y cuando quedarme quieta. Dios cuidó de mí y me mostró como cuidar el corazón de Paige. Me mostró como es estar en relación con Él, lo cual es algo que nunca había sabido Este fue el regalo más grande de todos. Ahora Dios me llama "Su amiga".

> Y Abraham creyó a Dios y le fue contado por justicia, y fue llamado amigo de Dios. (Santiago 2:23)

"Sharon creyó a Dios y le fue contado por justicia". Y a ella se le llama amiga de Dios.

Han pasado tres años desde que escuché en mi mente las palabras "va a ser un año verdaderamente malo" por primera vez. Aunque fue una época dolorosa, fue una buena época. Fue una temporada de inspiración y crecimiento total. Fue una temporada de pérdida y de soltar. Durante esta época las relaciones cambiaron. Perdí algunos amigos y gané otros nuevos. Mi estilo de adoración cambió. Lo que veía en televisión cambió. La música que escuchaba cambió. Mis pensamientos y acciones todas eran un poco diferentes en el buen sentido. En la víspera de año nuevo, lo último que escribí en mi diario ese año fue, "¡Gracias Dios por un año diferente, pero bueno!". *Gracias por esta época de compartir la vida con Paige.*

La Palabra

En verdad he hablado, ciertamente haré que suceda;
Lo he planeado, así lo haré.
Isaías 46:11

HUBO UNA PALABRA que cambió mi vida. Pensé que iba a ser un *picnic* común y corriente de la iglesia. No sabía que una conversación que tendría ese día iba a cambiar la dirección de mi vida. Cuando pienso en ese día, aún veo su rostro, el rostro de mi nueva amiga frente a mí. También puedo ver el momento en nuestra conversación cuando ella dudó. Tenía algo que compartir conmigo, algo que sentía que Dios le estaba diciendo a ella, aunque no sabía si decir algo o no.

Durante la época de divorcio, Dios me llevó a una iglesia diferente. No recuerdo como llegué a esta iglesia, pero sí recuerdo el primer día que entré. Esta era mucho más grande que la iglesia a la que había estado asistiendo. Me quedé en la entrada viendo hacia adentro del santuario; mi primer pensamiento fue, *Esta iglesia es demasiado grande*. Pero escuché al Señor decir, "No se trata del tamaño de la iglesia, sino de ti y de mí ahora mismo". En esa época de mi vida, Dios me llevó a Gateway Church.

En este hermoso día de primavera, a principios de abril, Gateway Church estaba celebrando a sus voluntarios con su picnic anual.

Este año habían organizado el *picnic* lejos del ajetreo citadino, en un rancho en las afueras de la ciudad. Cuando Paige y yo llegamos, una fila de gente nos saludó y nos daba animadamente la bienvenida al evento. Se estaban llevando a cabo varias actividades en todas partes. Al mirar a mi alrededor, vi niños jugando en saltarines inflables y algunas personas lanzando herraduras. Oí que cantaban los números para el bingo y la gente conversaba alegremente mientras comían asado.

Como todavía no estaba lista para comer, decidí llevar a Paige por los alrededores para ver qué o a quién podíamos encontrar. Empecé hablando con algunas personas, unas conocidas y otras no. Seguí caminando por el rancho, vi a Kim, quien servía en el ministerio de oración, y la recordaba porque ella había orado por mí antes. Nos acercamos a donde ella estaba. Siempre había disfrutado hablar con ella y estar en su presencia porque lleva dentro de sí la Palabra de Dios. También sabía que tenía el don profético del que Dios me estaba enseñando. Lo que no sabía era que ella tenía "una palabra" para mí ese día.

Nuestra conversación fue relajada y muy casual mientras llegábamos a conocernos mejor. Mientras hablábamos las tres, me di cuenta de que Kim empezaba a decir algo y luego se detenía. Consciente de este titubeo, dije, "¿Qué estás pensando?".

"Podría ser muy pronto para compartirlo", dijo.

Los pensamientos atravesaron mi mente con mucha rapidez. *Sé que ella escucha a Dios. Creo que tiene una palabra profética para mí. Sin embargo, no parece que quiera compartirla conmigo. Tal vez piensa que no voy a poder recibir lo que ella me va a decir.*

¿Qué Es Profecía?

Para ti que estás leyendo, y que quizá no conoces el don profético, uno de los lugares donde la Biblia habla de este es en 1 Corintios 14:1:

"Procuren alcanzar el amor; pero también deseen ardientemente los dones espirituales, sobre todo que profeticen".

Cuando profetizamos, es para fortalecer y animar al cuerpo de Cristo (1 Corintios 14:3, NVI). Otras versiones de la Biblia usan las palabras edificación, exhortación y consuelo. Primera Corintios 14:1 anima a todos a desear este don. Si este don está disponible, y es idea de Dios, entonces Él seguramente quiere que nosotros escuchemos su voz. Juan 10:27 dice, "Mis ovejas oyen Mi voz". El don de profecía es una manera de compartir con alguien lo que Dios está diciendo. Las palabras también pueden predecir el futuro. A diferencia de los horóscopos, la lectura de la mano o los psíquicos (quienes provienen del espíritu incorrecto), las palabras proféticas vienen de Dios, que es amor. Si cualquiera que reciba una palabra profética no se siente edificado, animado o fortalecido, esa palabra no provino del corazón de Dios. Primera Juan 4:1, dice, "Amados, no crean a todo espíritu, sino prueben los espíritus para ver si son de Dios".

Yo tenía suficiente entendimiento del don profético y confiaba en ella, así que creía estar preparada para escuchar lo que ella tenía que decir. "No creo que sea demasiado pronto. Puedes compartirlo".

Ella empezó a profetizar: "Volverás a casarte. Este hombre va a ser muy fuerte en su fe. Este hombre, con el que te vas a casar, será fundamental en la sanidad de tu hija. Dios la va a sanar, y ella se levantará de esa silla. Esto glorificará a Dios y traerá salvación a otros".

Yo pensé, *Bueno, sé que me voy a casar otra vez. Lo sé. Esto en realidad no es información nueva para mí. Pero que Paige sea sanada y que se levante de su silla es definitivamente un concepto nuevo.*

Escogí cuidadosamente las palabras que le diría a mi nueva amiga. "Sé que me voy a volver a casar. Sin embargo, está bien si quieres orar por mí pero creo que Paige es perfecta tal como está". Continué. "Si Dios quiere sanarla, estoy de acuerdo, pero Él necesita cambiar mi corazón porque yo la amo tal como es".

Estaba ligeramente desconcertada aunque curiosa por todo eso y me fui del picnic ponderando esas palabras. Aquellas palabras cambiaron la dirección de mi vida. No conocía a un Dios que quiera curar a Paige. *Es decir, Él la ha sanado a través de doctores y medicamentos, pero no estoy segura de nada que no sea eso. Sé que la Biblia habla de sanidades, pero no he visto nada como esto en mi vida, nada como lo que ella está diciendo.*

Esto es lo primero que escribí en mi diario después de esta experiencia:

> Siempre he aceptado a Paige tal como es, y he pensado (creído) que ella tiene su propio ministerio debido a quien ella es. Ella te ha glorificado, Señor, aceptando su vida. Ella ha sido un ejemplo para muchos. Dios, estoy abierta a lo que Tú tienes planeado para Paige y para mí. Si es para darte gloria y llevar a muchos a la salvación, nos encantaría ser parte de esto. Sería un honor y un privilegio que nos uses de esta manera. Incluso, sería más de lo que yo pueda imaginar. Yo puedo imaginarlo, pero asimilarlo es otra cosa. Por favor, Dios, si esto ha de ser, dame la fe para que se cumpla. Amén.

No me detuve allí. En la siguiente época de mi vida, me sumergí en la Palabra de Dios para ver lo que decía sobre la sanidad. Fui al Nuevo Testamento y leí todas las Escrituras y las historias sobre Jesús sanando a las personas.

Uno de los primeros versículos de la Escritura que realmente me habló fue Juan 9:1-2: "Al pasar Jesús, vio a un hombre ciego de nacimiento. Y Sus discípulos le preguntaron, Rabí, ¿quién pecó, este o sus padres, para que naciera ciego?". Mi corazón dio un brinco cuando leí esto. Yo sabía que Paige no era ciega, pero ella había estado así desde que nació. Los discípulos supusieron que había pecado, y yo pensé *¿Hice algo que provocara que Paige fuera así?*

Luego leí el siguiente versículo, Juan 9:3. Jesús respondió, "Ni este pecó, ni sus padres; sino que está ciego para que las obras de Dios se manifiesten en él". *¡Vaya! ¡Caramba! Estoy recibiendo algo de este versículo. Algo está sucediendo dentro de mí. Puedo sentirlo. Estoy sintiéndome aliviada por la respuesta de Jesús. Él dijo, "Esto no fue culpa de sus padres".*

Realmente, nunca había pensado en esto, pero percibí una sensación de fortaleza dentro de mí. Estaba sintiéndome justificada. Yo no había hecho nada malo. Este pasaje de la Biblia me ayudó a entender que la ceguera de este hombre no era culpa de nadie y que la sanidad era para glorificar a Dios. Jesús dijo, "Para que las obras de Dios se manifiesten".

"Gracias, Dios, porque no es mi culpa", dije. "Gracias por mostrarme que cuando las cosas suceden desde el nacimiento están fuera de nuestro control, no es culpa de nadie. Gracias por mostrarme, a través de Tu Palabra, que estas son oportunidades para que Tú seas glorificado, para que la gente vea Tu poder en acción en sus vidas. Si esto es lo que me estás diciendo, esto debe ser lo que tienes reservado para todos los padres que tienen hijos con necesidades especiales".

Otro pasaje de la Escritura que me impactó durante esta época fue Hechos 3:1-9, al cual me refiero como "La Puerta Hermosa". Dice así,

> Cierto día Pedro y Juan subían al templo a la hora novena, la de la oración. Y había un hombre, cojo desde su nacimiento, al que llevaban y ponían diariamente a la puerta del templo llamada la Hermosa, para que pidiera limosna a los que entraban al templo. Este, viendo a Pedro y a Juan que iban a entrar al templo, les pedía limosna. Entonces Pedro, junto con Juan, fijando su vista en él, le dijo, ¡Míranos! Y él los miró atentamente, esperando recibir

algo de ellos. Pero Pedro dijo, No tengo plata ni oro, mas lo que tengo, te doy: en el nombre de Jesucristo el Nazareno, ¡anda! Y asiéndolo de la mano derecha, lo levantó; al instante sus pies y tobillos cobraron fuerza, y de un salto se puso en pie y andaba. Entró al templo con ellos caminando—saltando y alabando a Dios. Todo el pueblo lo vio andar y alabar a Dios.

¿Cómo puede alguien que ha estado cojo desde el vientre de su madre ser sanado con una palabra "¡anda!". "¡Anda!". Parecía tan sencillo. Algo se inquietó dentro de mí nuevamente, y tuve un pensamiento repentino: *¡Esta es Paige! ¡Así es lo fácil que puede ser para Paige!* ¡Ahora, me estaba emocionando mucho!

Continué leyendo más y más sobre las sanidades en la Biblia, lo que Jesús hizo y lo que Él decía cuando la gente se sanaba. Juan 16:23-24 dice, "En verdad les digo, que si piden algo al Padre en Mi nombre, Él se lo dará. Hasta ahora nada han pedido en Mi nombre; pidan y recibirán, para que su gozo sea completo.".

Cuando leía esta Escritura, pensé, *Este versículo dice, "Hasta ahora nada habéis pedido en mi nombre".* Yo le había pedido a Dios que sanara a Paige. Quise que salga del hospital. Quise que los doctores intervengan. Quise que ellos hagan algo con su conocimiento para sanar a Paige. Le había pedido a Dios que la mantuviera viva, y Él lo había hecho.

Pero ahora, ¿cambiar su estado físico y mental? ¿Cambiar la manera en que se ve su cuerpo? ¿Hacer que ella camine sin andador? ¿Hacerla caminar sin una cadera torcida? ¿Qué ella pueda volver a enderezarse, libre de la cifosis que la obliga a inclinarse hacia adelante? ¿Qué ella pueda hablar con una voz normal y tenga la capacidad mental de alguien de su edad o que la sobrepase? ¿Qué ella pueda masticar su comida sin tener que cortarla nuevamente? ¿Hacer que su corazón se restaure sobrenaturalmente para que ella nunca vuelva a necesitar otra cirugía—nunca más? No, yo no le había pedido a Dios que sanara a Paige de esa manera.

Siempre pensé que era perfecta como era. Eso es lo que Dios me había dicho cuando nació. "Toda buena dádiva y todo don perfecto viene de lo alto". ¿Por qué cambiaría de parecer ahora?

Mi búsqueda continuó. Además de investigar en las Escrituras, asistí a cualquier enseñanza o conferencia donde hablaban de sanidad. Quería saber más sobre este tipo de sanidad. Aunque conocía a Dios, quería saber más sobre este Dios que sanaba. Había confiado en Él para sanidad emocional y médica, pero ¿y la sanidad sobrenatural? Tenía tantas preguntas. "¿Aún lo hace en el presente, o estas historias son solo para la Biblia?".

Fe

En la medida que continuaba leyendo estas historias, vi algo que muchas de ellas tenían en común—fe. *Se trata de eso. La sanidad no puede suceder sin ella.* Así que en mis conversaciones con Dios, le dije, "Quiero ver el poder de mi fe".

> Si tienen *fe* como un grano de mostaza, dirán a este monte, "Pásate de aquí allá", y se pasará; y nada os será imposible. (Mateo 17:20, énfasis añadido)

> Hija, ten ánimo, tu *fe* te ha sanado. (Mateo 9:22, énfasis añadido)

Cuando el deseo de fe aumentó, empezó a cambiar lo que escribía en mi diario:

> Creo que Tú estás sanando a Paige de su enfermedad crónica pulmonar, su enfermedad cardíaca, sus músculos, sus articulaciones, ligamentos, tendones, su cerebro. Señor, Tu Palabra dice que la fe

es el único requerimiento para la sanidad. Te pido que yo tenga por lo menos la fe del tamaño de una semilla de mostaza, sino más. Dame según Tu buena voluntad. Gracias por lo que estás haciendo en mi vida.

Compasión

Al profundizar en la lectura, descubrí que cuando Jesús sanaba a los enfermos, Él fue "movido a compasión". Compasión es tener empatía y consideración por la desdicha de los demás y desear ayudarlos a mejorar. Jesús deseaba ayudar.

> Cuando Jesús desembarcó, vio una gran multitud, y tuvo *compasión* de ellos y sanó a sus enfermos. (Mateo 14:14, énfasis añadido)

Poder y Autoridad

Descubrí que gracias a Jesús, tenemos poder y autoridad para sanar al enfermo. Este poder y autoridad no es solo para los discípulos, sino para todos los creyentes.

> Reuniendo Jesús a los doce discípulos, les dio *poder y autoridad* sobre todos los demonios y para sanar enfermedades. Los envió a proclamar el reino de Dios y a sanar a los enfermos. (Lucas 9:1-2, énfasis añadido)

Todo Tipo de Enfermedades

Descubrí que no había nada que Jesús no habría sanado.

> Jesús sanó *toda enfermedad* y dolencia. (Mateo 4:23, énfasis añadido)

Y vinieron a Él grandes multitudes trayendo consigo cojos, lisiados, ciegos, mudos y muchos otros enfermos y los pusieron a Sus pies y Él los sanó. (Mateo 15:30)

Todas estas historias son verdaderamente maravillosas. Y yo estaba disfrutando ver lo que Jesús había hecho pero todavía no estaba segura. *¿Creo que los tipos de sanidades que estoy leyendo son todavía para hoy en día?* La Biblia dice que Jesucristo es el mismo ayer, hoy y siempre (Hebreos 13:8), pero Jesús no está físicamente aquí. Esto parecía tener sentido, pero al mismo tiempo, era confuso.

Continué investigando, indagando. *Yo quiero saber.* Después de varios meses, mi fe empezó a aumentar. Comencé a ver que yo estaba llamada a ser las manos y los pies de Jesús. También empecé a ver que todo el que cree en Jesús ha recibido autoridad para imponer manos sobre los enfermos y ver el poder de Jesús sanar a la gente.

Jesús dijo que veríamos obras mayores que las que Él había hecho después de morir y resucitar.

En verdad, en verdad les digo: el que cree en Mí, las obras que Yo hago, él las hará también; y aun mayores que estas hará, porque Yo voy al Padre. (Juan 14:12)

Estoy cambiando. Estoy empezando a creer cosas que no había creído antes. Creo que lo que estoy leyendo en la Biblia puede suceder ahora. Sí creía en estas cosas, pero también me decía a mi misma, "Solo quiero ver lo que Dios está haciendo y no algo raro". Había visto algunas cosas extrañas antes, y no quería ser parte de algo falso. Solo quería ser parte de lo que Jesús estaban haciendo. Sé que Dios me está llevando a un lugar nuevo porque es su Palabra la que me está cambiando.

Entonces, sucedió.

Aproximadamente un año después, yo andaba por la casa y llegué al mismo lugar donde escuché la voz en enero de 2005, la voz que me dijo, "Va a ser un año verdaderamente malo". Excepto que esta vez, mientras caminaba por el mismo lugar, casi caigo de rodillas con una revelación en mi corazón que jamás había conocido. Era la revelación que yo sé —que yo sé— *que yo sé*— ¡Dios va a sanar a Paige!

No puedo explicarlo de otra forma mas que decir, "¡Yo sen-ci-lla-men-te lo sé!". No es porque ella o yo lo necesitemos, porque ella es perfecta como es. Lo que Dios dijo de ella cuando nació sigue siendo cierto. Ella es perfecta. Él no cambió de parecer. La sanidad va a suceder porque Dios es Dios, y Dios sana. Él es sobrenatural, sin embargo, eso es natural en Él. Él hace cosas que no podemos ver. Se llama fe. Él va a sanar a Paige para que su nombre sea glorificado. No hay modo que cualquier médico pueda sanar a Paige de la misma manera que Dios lo hace. La sanidad podría hacer que los demás quieran saber más de este Dios que sanó a Paige. Me llené de un gozo que nadie me puede quitar. Mis ojos relucían llenos de lágrimas al solo pensar en la bondad de Dios en mi vida.

> Y bienaventurada la que creyó que tendrá cumplimiento lo que le fue dicho de parte del Señor. (Lucas 1:45)

¡Apenas podía esperar para compartir estas noticias! Las primeras tres personas a las que les conté, todas tuvieron reacciones distintas:

La primera reacción de una amiga fue felicidad.

La segunda reacción de un familiar fue emoción.

La tercera reacción vino de otro amigo que escuchó lo que dije, pero que probablemente decía para sus adentros *"Ella no está pensando bien"*.

Estaba bien. No me importaba lo que la gente pensaba. Yo sabía lo que había oído y lo que había oído no era algo que yo estaba pidiendo. No fue idea mía. Sabía que lo que había escuchado no venía de mí—vino de Dios, ¡y eso me trajo plenitud de gozo!

Paige

Después de un corto tiempo, mis pensamiento se centraron en Paige. *Si Dios va a hacer esto por ella, entonces tengo que decírselo.* Antes de que pudiera llevar a cabo este pensamiento, Dios me dio un sueño. En este sueño vi a Paige sanada. Hasta ahora, nunca había tenido un sueño así. Nunca había visto a Paige sana.

El Sueño

Estaba viendo a una niñita en silla de ruedas. Al principio, no la reconocí. Luego, al observarla, noté que la silla de ruedas empezó a convertirse en algo distinto. Se transformó de silla de ruedas a bicicleta. Esta niñita ahora montaba en bicicleta, y manejaba rápido. Reía y sonreía, y era obvio que estaba muy feliz. Manejó hasta un gran árbol, y luego, dejó caer la bicicleta al suelo. De un brinco dejó la bicicleta y empezó a correr alrededor del árbol.

No la había reconocido hasta el momento en que saltó de la bicicleta. ¡Fue entonces que me di cuenta de que era Paige! Su silla de ruedas se había convertido en una bicicleta, y Paige la estaba manejando. Ella fue la que brincó de la bicicleta y estaba llena de gozo al correr alrededor de este árbol enorme. Tan pronto como entendí lo que estaba sucediendo, empecé a llamar a la gente que estaba cerca para preguntarles si habían visto lo que había sucedido. La gente que estaba allí eran varios miembros de nuestra familia ¡y también lo habían visto!

Paige estaba completamente sana. Aún era menuda, pero más alta de lo que es ahora. ¡Estaba llena de una alegría contagiosa!

Creí que este sueño era la manera perfecta para contarle a Paige lo que Dios me había revelado de su sanidad así que le conté.

"Paige, te vi montando en bicicleta. Te vi bajar de la bicicleta, y estabas corriendo".

Me escuchó sin decir palabra.

"Dios va a sanarte y podrás montar en bicicleta y caminar sin andador".

Mientras decía esas palabras, pensé, *Esta es una afirmación muy grande y osada que yo se la esté diciendo a Paige. Definitivamente no quiero engañarla diciéndole cosas que tal vez nunca sucedan. Eso no comunica amor.* Sin embargo, opté por poner mi confianza en Dios porque Él es un Dios amoroso.

Paige, siendo como es, aceptó todo lo que dije. Me repitió que Dios iba a sanarla y podría montar en bicicleta y caminar sin andador. Ella entendió todo lo que dije. Su fe como de niña creyó en esas cosas que a mí me había tomado meses comprender.

Luego, tuve un segundo sueño. Este sueño trataba de Paige y de uno de los doctores que la estaba viendo en esos días. Ella estaba en la clínica y su función corporal estaba a un nivel muy alto. El doctor estaba anonadado por lo que veía. Las habilidades verbales de Paige, su buen humor, su conversación—todo eso no se comparaba a lo que él había visto antes.

Hasta que escuché a Dios hablarme de la sanidad de Paige, nunca había tenido sueños acerca de su sanidad. Ahora, en un tiempo muy corto, había tenido dos sueños.

Y, luego, tuve un tercer sueño.

Paige estaba en la parte trasera de lo que se asemejaba a un vehículo blanco. Había un montón de gente allí con ella. Muchas cosas estaban sucediendo, lo que sentí que representaba ser jalada en muchas direcciones. En el sueño, escuché a Dios recordarme que no perdiera de vista la sanidad de Paige. Me dijo, "Aunque estén sucediendo muchas cosas, ella todavía está recibiendo sanidad. Observa lo que estoy haciendo. Su sanidad total y el milagro instantáneo aún sucederán. Ella está recibiendo sanidad ahora y seguirá siendo sanada a través de un milagro visible en su cuerpo".

Definitivamente, Dios estaba hablándome de la sanidad de todo el cuerpo de Paige; primero, en el momento cuando yo andaba por la casa, y ahora, en mis sueños. Me estaba recordando que esta fue idea suya, y que Él no quería que yo perdiera de vista lo que Él estaba haciendo.

Me siguieron pasando cosas. Una noche, durante la alabanza, percibí un mover arrollador del Espíritu Santo en mí. Sentí que tenía ganas de llorar cuando escuché a Dios decir, "Paige va a ser sanada por mí y solamente por mí. Ella va a reaccionar a un toque mío y a la atmósfera. No sucederá cuando alguien esté orando por ella".

Estaba escuchando a Dios más claramente y con más frecuencia que antes. Le pedí esto porque quería tener una relación con un Dios vivo y verdadero, y Él ahora cobraba vida en mi existencia.

¡Quería esto para Paige! *Estoy poniendo mi confianza en Dios, pero ¿cómo puedo ayudar a Paige para que confíe en Dios? ¿Cómo puedo mostrarle que Dios es real y que ella también puede confiar en Él?*

Antes de ahora, Paige nunca había podido meterse a la cama por sí sola. No estoy segura si necesitaba más fuerza o coordinación, o si su cama era sencillamente demasiado alta para ella (dada su corta estatura). Ya que yo estaba buscando una oportunidad para mostrarle que Dios es real, tuve una idea. Paige y yo íbamos a pedirle a Dios que la ayudara a meterse a la cama sin que yo la asistiera.

Esa noche, cuando Paige estaba lista para acostarse, dije, "Esta noche, Dios te va a ayudar a meterte a la cama". Yo no estaba segura si ella había entendido lo que quise decir, pero me hice a un lado y esperé a ver qué sucedía.

Con una mano en la cabecera y un pie en la baranda, Paige dio un empujón para tomar impulso para meterse en la cama. Cuando tomó impulso para subir, yo no me moví. Solamente observé. La miré para ver lo que Dios iba a hacer. Ella no lo logró. Cayó directo al piso. Entonces le dije otra vez, "Dios te va a ayudar. Dios te va a ayudar a meterte en tu cama". Luego oré, dando un paso de fe y confiando que Dios entraría en acción.

Paige lo intentó una y otra vez mientras yo la miraba sin apresurarme para ayudarla. Paige finalmente cayó en la cama, y cuando aterrizó sobre la almohada, su rostro se iluminó con una gran sonrisa. Ella estaba muy complacida. Yo me maravillé cuando escuché a Paige darle gracias a Dios.

Ella dijo, "Gracias, Dios, por ayudar a Paige a meterse a la cama".

¡Dios había ayudado a Paige! La ayudó a meterse a la cama. Creo aquí fue cuando Paige empezó a enterarse de un Dios que podía ayudarla, un Dios en quien ella podía confiar.

Paige empezó a cambiar. En el pasado, cuando le preguntaba si necesitaba ayuda, a veces ella decía que sí y otras, que no. Sin embargo, después que Dios le ayudó a meterse a la cama, ella decía, "No, Dios está ayudando a Paige". Y así fue.

Paige y Dios empezaron a tener una relación distinta entre ellos. Él se volvió más real para ella. No solo le pedía a Él que la ayudara, sino que también empezó a hablar de Él con más frecuencia. Muchas veces solía decir, "¡Dale, Dios!". "Vamos, Dios", "¡Bien, Dios!". "Quiero que Dios venga aquí", o "quiero orar a Dios".

Aunque ella no podía leer la Biblia, yo la había visto con su Biblia sobre su regazo mientras la hojeaba. De vez en cuando, la veía marcar una página o resaltar algo.

Paige es observadora. Ella no se pierde nada, y tiene muy buena memoria. Había visto a la gente bautizarse en nuestra iglesia, así que pudo comunicarnos cuando quería ser bautizada. Yo nunca había visto que alguien con necesidades especiales se bautizara, pero confíe que Dios abriría un camino para que sucediera. De manera que contacté a la iglesia, y Dios abrió el camino.

El 15 de noviembre de 2009, cuando Paige tenía dieciocho años, tuve el honor y el privilegio de llevarla en brazos al bautisterio. Juntas subimos algunos escalones y luego, bajamos otros escalones para entrar en el agua. Mientras mi familia y amigos miraban, el pastor le preguntó a Paige si ella había aceptado a Jesús en su corazón. Después de decir que sí, ¡Paige fue bautizada en el nombre del Padre y del Hijo y del Espíritu Santo!

¡Ahora, Paige compartía su vida con Jesús!

Un Nombre Genial

*He aquí, las cosas anteriores se han cumplido,
y yo anuncio cosas nuevas; antes que sucedan, os las anuncio.
Isaías 42:9 (LBLA)*

SABÍA, SIN LUGAR A DUDA, que volvería a casarme. Y también sabía que tomaría el apellido de esta persona. Sin embargo, aunque yo estaba consciente de que lo haría, Dios era el único que sabía que yo tenía algunos sentimientos al respecto.

Durante uno de mis devocionales, empecé hablando de eso con Dios. "Dios, yo sé que cuando vuelva a casarme, voy a adoptar el apellido de este hombre. Sería obvio que estoy emocionada por esto, pero no lo estoy. Sé que al momento de unirnos mi apellido será distinto al de Paige. Y el solo pensarlo trae tristeza a mi corazón".

Para los demás, esto podría no ser importante. Sin embargo, para mí, había algo en estar separada de Paige de esta forma que me daba tristeza. Yo imaginaba que esto iba a ser otra pérdida en mi vida. En cierto modo sentía que aunque yo había sido la que se había quedado al lado de Paige y la había cuidado, ella y su papá aún compartirían el mismo apellido, pero no el mío.

Analicé mi corazón. *¿Lo he perdonado verdaderamente?* Sí, lo hice. No obstante, aún sabía que iba a tener que atravesar otra consecuencia del divorcio. Escondí esta conversación con Dios en mi memoria y en mi diario. Solo Dios y yo lo sabíamos.

En mayo de 2009 mi corazón empezó a despertar. Lo que quiero decir es que empecé a tener el deseo de volver a casarme. Desde que me divorcié ninguno de esos sentimientos había despertado. Yo estaba completamente conforme con solo hablar con Dios. Cantares 2:7, se refiere a este despertar: "que no levantéis ni despertéis a mi amor, hasta que quiera"(LBLA). Yo sabía que este despertar era una indicación de que Dios estaba a punto de llevarme a una época nueva—la del cortejo.

Me voy a casar otra vez, y va a ser pronto.

Dios nos había puesto a Paige y a mí en un recorrido específico. Él ya me había confirmado que Él iba a sanar a Paige. Él había confirmado que ella recibiría un milagro de sanidad en su cuerpo—¡un milagro creativo! Fue Dios quien me trajo a este lugar de fe; sin embargo, no podía imaginar a la persona que podría acompañarnos en este trayecto. Estaba tan segura de la *declaración* de Dios que estaba dispuesta a sacrificar el matrimonio para seguir cuidando la vida de Paige hacia donde sentía que Dios nos guiaba.

> Pero cuando Él, el Espíritu de verdad venga, los guiará a toda la verdad, porque no hablará por Su propia cuenta, sino que hablará todo lo que oiga, y les hará saber lo que habrá de venir. El me glorificará, porque tomará de lo Mío y se lo hará saber a ustedes. (Juan 16:13-14)

Mi deseo era salir *solamente* con la persona que Dios tenía para mí. No quería salir con alguien "solo porque sí". Cristo había establecido mi identidad en Él y no en estar casada. Mi deseo era reflejar la imagen de Dios sobre la tierra. Mi ruego era ser protegida y que nadie pudiera acercarse a mí excepto "el único" que Dios tenía para mí. A medida que me adentraba en esta siguiente época, mis ojos fueron abiertos para ver lo que Dios quería que yo viera, y mi oídos estaban atentos para escuchar lo que Él quería que yo escuchara.

Cuatro meses después, estaba sentada en una cafetería con algunas amigas de la iglesia cuando mis ojos se fijaron en alguien nuevo. Me quedé viéndolo llena de curiosidad. *¿Quién es él? ¿De dónde vino? No recuerdo haberlo visto antes.* Él estaba con un grupo de personas con las que yo me había reunido algunas veces en los últimos meses. No hubo presentaciones esa noche, solo me percaté de él y tuve curiosidad.

Poco después de la experiencia en la cafetería, lo vi nuevamente en otra reunión. Esta vez estaba muy consciente de que podía acercarse y entablar una conversación conmigo. Yo estaba a la defensiva y mantenía el muro alrededor de mi corazón, pero tenía curiosidad de lo que estaba sucediendo.

Un par de semanas después, recibí una solicitud de amistad en Facebook, pero no estaba segura de conocer a la persona. Quienquiera que fuera, hizo un comentario, "¡Nombre genial!".

"¿Nombre genial?". ¿Quién es esta persona? ¿Qué quiere decir con "nombre genial"?

Cuando vi más de cerca la fotografía del perfil, me di cuenta. *¡Es ese hombre! Con el que estuve hablando—el hombre que se acercó a mí. Pero aún no entiendo qué quiere decir con "nombre genial".* Entonces lo vi. Cuando leí su nombre y apellido, finalmente lo comprendí. Me quedé viéndolo, un poco impactada y sorprendida—¡su apellido y el mío eran iguales!

De inmediato, mi cabeza se inundó de muchos pensamientos. *Dios, ¿es este el elegido? ¡Tiene el mismo apellido que yo! Aunque suene descabellado, sí pensé, ¿Me voy a casar con este hombre?* Seguí hablando con Dios. "Tú sabes que este es uno de los anhelos más profundos de mi corazón, tener el mismo apellido que Paige. Pero, ni siquiera sé quién es este hombre. ¿Qué estás haciendo, Dios?".

Por supuesto que Dios sabía lo que estaba haciendo. Esto fue lo que Él usó para que yo le diera una segunda chance a este hombre. Había otras cosas que me hacían seguir considerando, pero fue el apellido lo que captó toda mi atención, lo que me llevó más allá de la curiosidad. Fue este "de repente" que Dios obró que me hizo confiar el recorrido por el que me estaba llevando—el recorrido del cortejo con mi futuro esposo.

Tommy, se llamaba el hombre al que conocería. Antes de la solicitud de amistad en Facebook, esto era todo lo que sabía. Acepté la solicitud, y tal como lo hace toda la gente, vi todas sus fotos, sus amigos y su muro.

Tengo muchas preguntas, Dios. Necesito saber muchísimo más sobre este hombre.

Aunque no conocía a Tommy, percibí que se suponía que debía conocerlo. Era obvio que él sabía que compartíamos el mismo apellido. Yo quería saber si él veía esto desde un ángulo espiritual como yo. Quería saber a qué nivel estaba su fe. Quería informarme de lo que él sabía sobre ser un líder espiritual en el hogar. Me interesaba conocer cuáles eran sus creencias acerca de la sanidad. Me pareció que había muchas preguntas que Dios debía responder.

Dios, siendo como es, empezó a darme las respuestas que buscaba. La siguiente vez que vi a Tommy, él mencionó —sin que yo le preguntara— que había recibido sanidad en su cuerpo. Compartió cómo había sucedido, dónde estaba en ese momento y cómo Dios lo había sanado.

Luego, pasó a compartir sus pensamientos sobre ser el líder espiritual en el hogar. *No puedo creerlo. Dios me está dando las respuestas a algunas cosas que yo quiero saber. Ni siquiera le he hecho estas preguntas a Tommy, y aun así, ¡las respuestas me están llegando! Como si Dios me estuviera demostrando que me escuchó cuando le hice todas mis preguntas.* Esto me animó, y me trajo una gran paz.

Un Nombre Genial

Aunque estaba reuniendo información sobre Tommy, me di cuenta de que había muchas cosas que él no sabía de mí. Más significativamente, yo estaba consciente de que él necesitaba saber más sobre Paige y de mi —nuestra historia— nuestro recorrido, el trayecto en el que Dios nos puso.

Escribí en mi diario: "Es importante que yo pueda compartirle, Señor, lo que me estás diciendo acerca de Paige. ¿Cómo se sentirá Tommy con esto? Yo sé que lo que comparta con él va a ser muy importante para esta relación. Creo que sabré más, dependiendo de cómo responda. Podría decepcionarme. Lo que sí sé, es que yo confío en ti, Dios".

Aunque yo sabía lo importante que era esto, esperé para compartir esta información. Dios continuó confirmando de muchas formas que Tommy era el elegido que Él tenía para Paige y para mí. Le confié a Dios cada aspecto de este proceso. Aunque teníamos meses y meses de conversaciones, yo supe en tres semanas de haber conocido a Tommy que él sería mi esposo.

Incluso, di un paso de fe audaz y escribí en mi diario: "Bien, Señor, voy a escribir lo que creo que me estás diciendo: Creo que Tommy es con quien me casaré. Creo que nos casaremos en 2010".

Cuando escribí estas palabras en fe, él y yo no habíamos salido juntos. Ambos estábamos "reuniendo información" acerca del otro. Aunque me sentía atraída a él, primero me atrajo su corazón. *Veo a un buen hombre. Veo a un hombre que va en busca de Dios. Veo a un hombre que quiere estar en un matrimonio al estilo de Dios. Veo a un hombre que ama a su familia. Veo a un líder espiritual. Veo a un hombre que cree en la sanidad.* Dios me mostró todas estas cosas.

Después de tres meses de conversaciones, me sentí guiada a darle a Tommy un set de CDs acerca de dirigir un negocio al estilo de Dios. Uno de los discos habla de tomar un sabático. Tommy nunca había tomado un sabático, y después de escuchar los CDs, decidió que él quería tomar uno. Lo que yo no sabía era que él tomó su sabático para conversar con Dios sobre mí.

Tommy había estado teniendo conversaciones con Dios sobre mí, y él seguía oyendo, "No puedes salir con Sharon". Él no entendía esto, así que en enero del 2010, cuando tomó su primer sabático, le preguntó a Dios sobre nuestra relación. Durante ese periodo de tres días de hablar con Dios, Tommy recibió la "aprobación" para avanzar. Dios también le habló de Paige a Tommy.

Además de mantener el mismo apellido de Paige, yo tenía otro deseo en mi corazón. Para algunos podría parecer extraño, pero era importante para mí. Además de contarle a Dios, le conté a una de mis amigas de este deseo, una amiga llamada Linda, que Dios trajo a mi vida durante lo que afectivamente llamo "mi época de soltería". Yo necesitaba una buena amiga en esa época y nosotras éramos muy parecidas.

Una noche, estábamos disfrutando de una cena deliciosa y buena conversación. Ambas sabíamos que nos volveríamos a casar, y esa noche estábamos soñando despiertas sobre nuestros futuros. Nos reímos de muchas cosas—cosas por las que habíamos atravesado, cosas que hicimos, cosas que pensamos. Reímos bastante. Luego, la atmósfera cambió, y empezamos a compartir de corazón a corazón. Cada una de nosotras compartió cualidades que queríamos tener en un esposo.

Yo compartí uno de mis deseos con Linda. "Sé que puede sonar raro, pero va a ser importante que este hombre ponga la silla de Paige en el vehículo por mí. No estoy segura de por qué esto es tan relevante para mí, pero sí importa. Hay algo en este gesto que me alentaría. Me sentiría como que le importo. Me sentiría bien". *Sí, sería importante para mí.*

Tan pronto vi a Tommy después de su sabático, supe que algo era distinto. *Algo ha cambiado. No es solo la rosa en su mano— ¡él es diferente!* Él tenía el deseo de compartir lo que Dios le había dicho, y yo estaba igual de ansiosa de escucharlo, así que nos sentamos en una mesa en un restaurante local tranquilo. Cuando Tommy empezó a compartir, ¡supe enseguida de que Dios le había dado permiso para cortejarme!

Como si cortejarme no era suficiente, aproximadamente una semana después, Tommy me dijo, "Quiero contarte algo más que escuché en el sabático".

Captó toda mi atención; mi oídos se prepararon para escuchar.

"Dios me habló acerca de Paige".

Qué bien. "¿Qué te dijo?".

"Dios me habló de la silla de Paige".

Ante esas palabras, mi corazón se despertó con un asombro absoluto.

"Me gustaría ser yo quien ponga la silla de Paige en el vehículo por ti".

Anonadada, no podía creer lo que estaba escuchando. *¿De verdad? ¿Bromeas?* No dije esas palabras en voz alta, pero me sentí deslumbrada y verdaderamente asombrada por lo que acababa de escuchar. Era como si Dios le estuviera revelando mis pensamientos y deseos a Tommy. *Dios le está hablando a él de mí. Y no solo de mí, sino de mí y de Paige.*

Sentí que Dios me estaba diciendo, "Mira lo que estoy haciendo por ti, Sharon. Me importas profundamente. Puedes confiar en mí. Hasta me hago cargo de los anhelos más profundos de tu corazón".

Pon tu delicia en el Señor, y Él te dará las peticiones de tu corazón. (Salmo 37:4)

En este mismo sabático, Tommy había oído de Dios que debía servir en el ministerio de sanidad conmigo. Cuando escuché esto, recordé la palabra profética que había recibido casi dos años antes de parte de mi nueva amiga, Kim, en el picnic de la iglesia—las palabras respecto a mi futuro esposo: "Volverás a casarte. Este hombre va a ser muy fuerte en su fe. Este hombre, con el que te vas a casar, será fundamental en la sanidad de tu hija".

Aún no había tenido una conversación con Tommy sobre lo que Dios estaba haciendo en la vida de Paige y la mía, pero era obvio para mí que Dios le estaba hablando a Tommy de mí. Aún sin decir una palabra, continué confiándole a Dios este proceso. Todo lo que estaba experimentando, todas las confirmaciones, estaban haciéndome creer que Dios había traído a alguien especial a mi vida—alguien alineado con los propósitos y planes que Él ya me había dicho sobre mi vida con Paige.

Lo que había escrito en mi diario sobre casarme en 2010 sucedió. Tommy y yo nos casamos exactamente nueve meses después de que nos conocimos. Nos casamos y nos convertimos en una familia mixta. Tommy tiene cuatro hijos adultos, y yo tengo a Paige. Nos volvimos una familia de siete.

Una familia "hecha en el cielo".

Familia Mixta

Decir "acepto" no significa automáticamente "vivir felices para siempre". Una familia mixta requiere trabajo. Requiere un esfuerzo consciente no solo para trabajar en tu matrimonio, sino también para considerar los sentimientos de todos. Muy pronto, Tommy y yo descubrimos que no podíamos estar juntos y hablar durante horas. Teníamos otros ojos observándonos y preguntándose qué estaba sucediendo. Todos querían saber cómo encajaban en esta familia y Paige era uno de ellos.

Desde el divorcio, Paige había tenido toda mi atención. Ahora, yo estaba compartiendo mi tiempo con ella, y ella podía ver que algo había cambiado pues así era. No estoy segura de cuán bien podía ella

Un Nombre Genial

comprender lo que había sucedido—que Tommy y yo nos habíamos casado—porque ella no podía comunicarme todos sus pensamientos. Estará preguntándose, *¿Quién es esta persona que vive en nuestra casa? ¿Quién es Tommy? ¿Y qué pasó con mi mamá?*

Aunque Paige no podía comunicar lo que llevaba dentro, definitivamente hubo un cambio en su comportamiento. Estaba callada. Profundamente pensativa. Pensaba en algo. Tommy y yo reconocimos este cambio, y ambos sabíamos que necesitábamos priorizar también las necesidades y deseos de ella. En este entonces, ella necesitaba que nosotros le ayudáramos a manejar este cambio en su vida.

El orden de Dios necesita establecerse. En las familias mixtas, el diseño original de Dios está fuera de orden. El diseño original de Dios es que el esposo y la esposa se conviertan en uno ante los hijos. Sabíamos que sería importante para Paige ver que Tommy y mamá eran primero. Confiando en Dios, y en este orden, creíamos que nuestro amor mutuo y la seguridad de nuestra relación le darían seguridad a Paige.

Tommy y yo hicimos algunos ajustes. Cuando Tommy venía a casa después del trabajo, nos saludábamos primero para que ella vea el orden, pero en vez de que los dos nos pusiéramos al tanto de nuestro día, limitábamos nuestra conversación a un corto saludo de unos minutos. Luego, hablábamos con Paige para ver cómo se sentía y para hacerle preguntas sobre su día. Los tres juntos compartíamos este tiempo. Una vez que su tanque de amor estaba lleno, Tommy y yo volvíamos a conectarnos.

Empecé a sentir que era yo la que necesitaba ayudar a cubrir la brecha entre Tommy y Paige. Para que esto sucediera, sabía que necesitaba distanciarme y dejar que Tommy entrara en su vida, que se volviera una parte de su vida e hiciera cosas que yo hacía normalmente para ella. Opté por apartarme porque la amaba y estaba segura en mi relación con ella. Yo conocía mi lugar en su vida como su mamá, y sabía que era bueno para ella tener otras personas en su vida además de mí, personas que la amaban y se preocupaban por ella.

Dejé el rol primario de cuidadora y toda mi atención en la vida de Paige para que Tommy y ella pudieran desarrollar una relación más cercana. Paige, siendo como es, y Tommy, siendo él mismo, hicieron que no pasara mucho tiempo para que los dos se conectaran profundamente.

Paige empezó a darse cuenta de que nuestra relación no había cambiado. Mamá aún estaba allí. También se volvió más segura en la relación de mamá con Tommy. Ella vio que era buena, y al final, ella solo necesitaba básicamente la reafirmación de que no había perdido nada. Más bien, algo se le había añadido. Ahora, ella tenía a Tommy, su papá extra.

Si eres una madre soltera de un hijo con necesidades especiales, quiero animarte. Algunas mamás me han dicho, "Yo no sé si alguien querría casarse conmigo ya que tengo un hijo con necesidades especiales". Quiero decirte que yo nunca, ni una vez, tuve esos pensamientos. Nunca dudé de que me volvería a casar. Nunca dudé de que alguien podría amarnos a ambas, a Paige y a mí. Siempre supe que nosotras éramos "un paquete", porque el que se unía a nosotras, estaría casándose conmigo y con Paige. También sabía que aquel con quien me casaba sería bendecido por nosotras dos. No vi esto como orgullo o arrogancia. Solo sabía que ambas podíamos ser encantadoras y amorosas. Nunca creí que había algo "malo" o "diferente" con nosotras. Éramos, y somos, fáciles de amar.

Pues como piensa dentro de sí, así él es. (Proverbios 23:7)

Dios te ama. Él ama a tu hijo. Él desea que tengas cosas buenas, y quiere cumplir los deseos de tu corazón porque Él los puso allí. En la medida que fijes tus ojos en Él, Él te guiará y será tu líder para que puedas andar en sus promesas para tu vida. ¡Es un proceso, pero Él es fiel!

Un año después, Tommy soñó dos veces, una tras otra con Paige. Esos sueños parecían muy relevantes para nosotros dos. Al igual que yo, Tommy estaba teniendo sueños sobre la sanidad de Paige.

El primer sueño de Tommy:

"Sharon y yo estábamos con Paige en un evento. Cuando nos íbamos, noté que Paige no estaba en su silla—estaba gateando detrás de ella. Sharon y yo estábamos empujando su silla delante de ella. Paige pudo ir al lado, gateando. Luego, me vi parado atrás, vi a Paige seguir a Sharon y empezar a caminar sin andador. Sharon empezó a correr, y Paige iba a su lado, caminando rápidamente. Aún estaba encorvada, pero podía caminar sin andador.

"*Nunca he visto a Paige hacer eso. ¡Dios está sanando a Paige!* Luego me hallé frente a Paige, a unos seis metros más o menos. La llamé, y ella vino corriendo a donde yo estaba. Estaba parada justo frente a mí, y le dije, 'Paige, ¿sabes que Dios te está sanando ahora mismo? Cuando traté de decir estas palabras, empecé a llorar, y mientras lloraba, ella cambió frente a mis ojos. Sus rasgos faciales cambiaron, y ella se paró y creció en estatura, quizá hasta unos doce centímetros menos que su mamá. Simplemente se quedó allí, con una gran sonrisa, sus ojos cerrados, sus manos a los lados con sus palmas hacia mí, como si me estuviera diciendo, '¡Mírame!'".

El segundo sueño de Tommy:

"Estábamos en una reunión, no estoy seguro en dónde, pero le hice una pregunta a Paige, y ella me respondió con una palabra que nunca le había escuchado decir. Luego, empezó a hilar palabras que yo nunca había oído. Luego, hiló oraciones, y su voz se aclaró, y empezó a hablar normalmente, usando oraciones largas".

Para nosotros, estos sueños son una confirmación continua de la promesa de Dios de sanar a Paige. Pero ahora, Dios estaba hablando por encima mío. Le estaba hablando a mi esposo, el otro papá de Paige.

Ahora, Tommy estaba compartiendo la vida con Paige.

Legado

> *Señor, [...] y permite que Tus siervos hablen Tu palabra con toda confianza, mientras extiendes Tu mano para que se hagan curaciones, señales y prodigios mediante el nombre de Tu santo Siervo Jesús.*
> *Hechos 4:29-30*

E**SCUCHÉ CUANDO BAJÓ EL TREN DE ATERRIZAJE,** lo que significaba solo una cosa para mí, habíamos llegado. Llena de curiosidad, miré por la ventana. *¿Montañas?* No podía creer que había montañas. Era como que estaba viendo montañas por primera vez en mi vida. Eran impresionantes—muy verdes, muy exuberantes, ¡muy llenas de vida! Estas montañas parecían tener más significado para mí más que todas las otras montañas que yo había visto. Las miré con mucha atención, no quería perderme ni una de ellas, trataba de capturar esos pocos momentos en mi mente, así podría recordarlas para siempre. Mi corazón estaba henchido de emociones desconocidas, y mis ojos empezaron a llenarse de lágrimas. Estas lágrimas no eran ni felices ni tristes, pero sabía que tenían un significado relevante.

Estaba regresando a Guadalajara, México, el lugar donde nací. Aunque yo era adoptada, nunca había tenido el deseo abrumador de buscar a mis padres biológicos, pero sí me preguntaba sobre el lugar donde había nacido. El país, la gente, la parte de mí que vino de allí.

Este fue un viaje planeado, pero no había manera de saber anticipadamente lo que yo podría experimentar o cómo me impactaría este placer inesperado. Luego de aterrizar y recibir el permiso para desembarcar, recogí mis cosas y empecé a salir del avión. Un pie y luego el otro—después, salí y empecé a andar por esta tierra desconocida. Como si hubiera salido de una cápsula del tiempo. Aquí, la vida había continuado, pero yo había estado viviendo en otro lugar. En el momento en que mis pies regresaron a este lugar, repentinamente me llené de una alegría incontenible.

Todo parecía muy nuevo y vibrante. Al igual que las montañas, era como si estaría viendo cosas que nunca había visto. La verdad es que nunca las había visto. Tenía solamente un día de nacida cuando mis padres vinieron a recogerme. Ellos supieron el tiempo de mi nacimiento por los misioneros que vivían en el área. Cuando fue el momento, viajaron a Guadalajara para recogerme y llevarme a los Estados Unidos. Yo estuve en esta tierra solo unos días antes de ir a mi nuevo hogar. Ahora, después de más de cincuenta años, estaba de regreso.

Al pasar por la aduana, le enseñé al hombre del mostrador mi pasaporte. "¡Yo nací aquí!".

El parecía bastante interesado, así que continué. "¡Soy adoptada! Esta es la primera vez que vengo en más de cincuenta años".

Compartir mi historia no fue solo con este señor. ¡Yo era como una niña en una tienda de dulces! Le conté mi historia a todos y cada uno que quería escuchar.

No estaba allí de vacaciones, sino en un viaje misionero, un viaje que se presentó solo unos meses antes. Yo estaba navegando en el Internet cuando descubrí este viaje con Wheels for the World.

Wheels for the World (WFTW) es una organización que entrega sillas de ruedas y andadores a personas discapacitadas en países de escasos recursos. Yo había viajado con WFTW antes, pero hasta ahora no había visto un viaje a Guadalajara en su página de Internet. Mis ojos se iluminaron cuando lo vi. *¡Estoy ansiosa por compartir esto con Tommy!* Lo encontré en la otra habitación.

"Encontré nuestro próximo viaje misionero. ¿Puedes adivinar a dónde?".

Sin inmutarse, dijo, "Guadalajara". Acertó en la primera.

Me quedé totalmente maravillada, luego di un grito de alegría y emoción porque sabía que estábamos unidos. Esta unidad confirmó que debíamos tomar ese viaje. Estando de acuerdo, avanzamos llenando cada solicitud para ser parte del equipo. Tommy iba a ser mecánico, haría las modificaciones a las sillas de ruedas, y yo sería su asistente.

Ahora estábamos aquí, en Guadalajara.

Incluso mientras cargábamos la furgoneta, yo seguía mirando los alrededores, tratando de absorber todos los paisajes y los sonidos de la ciudad. Mucho más grande de lo que había imaginado, Guadalajara era una gran ciudad, similar al área donde vivíamos. *Yo sé que nací aquí, ¿pero dónde?* No tenía ningún conocimiento de la ubicación exacta. Sin embargo, en mi certificado de nacimiento, estaba la dirección en donde me habían inscrito en Guadalajara, la dirección donde mis padres se hospedaron cuando vinieron a recogerme.

Durante todo el recorrido hacia el hotel, me preguntaba dónde quedaba esa dirección. *¿Estamos pasando por allí en este momento? ¿Estamos cerca del lugar?* Al ver la magnitud de esta ciudad, empecé a darme cuenta, *quizá nunca sepa dónde queda esta dirección. No estamos aquí de vacaciones ni por razones personales—estamos aquí como parte de un equipo ministerial. Tenemos metas que cumplir, y estamos aquí para servir a la gente de Guadalajara.*

Habían pasado dos días desde nuestra llegada y, la emoción no había disminuido. Estaba disfrutando mucho servir a la gente de Guadalajara. Luego, el chofer de la furgoneta se me acercó y me preguntó por la dirección en mi certificado de nacimiento. Sin ponerle mucha atención al asunto, se lo di. *Al menos voy a saber dónde es.*

En poco tiempo, él regresó con un intérprete, quien me informó que la dirección quedaba a cuatro cuadras de la iglesia donde estábamos sirviendo. *¿Qué? ¡Cuatro cuadras! ¡No puede ser!* No podía creer lo que estaba oyendo. *Esta ciudad tiene más de un millón de personas, y yo estoy solamente a cuatro cuadras de donde mis padres se hospedaron cuando vinieron a recogerme. ¿Qué probabilidades había de eso? Definitivamente, Dios tiene un plan aquí. ¿Cómo llegué a estar a cuatro cuadras de donde mis padres se hospedaron cuando nací?*

Como todo el equipo había escuchado mi historia, estaban casi tan emocionados como yo cuando se enteraron de lo cerca que estábamos. Esperé pacientemente a ver qué sucedería. *¿Podré ir a esta dirección?*

Los líderes del equipo se aseguraron de ir durante el siguiente descanso del itinerario y varios de nosotros caminamos las cuatro cuadras. No grabamos cada paso en video, pero sí lo hice en mi memoria. Y con cada paso, sabía que estaba acercándome y mi expectativa crecía. Iba hacia un lugar donde no había estado desde que era bebé.

Usando la tecnología moderna finalmente llegamos al "punto rojo" que mostraba el teléfono celular. Habíamos llegado—encontramos la dirección que tenía mi certificado de nacimiento. Levanté la mirada, y frente a mí estaba un edificio de dos niveles, pintado de blanco y azul verdoso. Ahora estaba frente al edificio donde estuve hace más de cincuenta años. En cierto modo, estaba "de vuelta en casa", pero este nunca había sido mi hogar.

Repentinamente, algo me tomó por sorpresa. Era como si mi espíritu supiera que yo había estado allí antes, pues mis emociones me sobrecogieron, dejándome en franca incredulidad ante la calidad de mi vida. Solo quería decirles a mis padres biológicos "gracias"—agradecerles por darme una vida tan buena, especialmente a mi mamá biológica. Quería que ella supiera que había tomado la decisión correcta. En esos momentos, experimenté una gratitud incontenible por los padres que me habían elegido, los que me habían buscado y me habían dado una vida muy buena. *Estoy sencillamente muy agradecida de que este fuera el plan que Dios tenía para mí.* Lágrimas de gozo caían por mis mejillas.

Pude haber regresado a casa en ese momento y estado completamente satisfecha con el viaje, pero todavía nos quedaban cinco o más días. Tommy estaba en lo suyo, haciendo ajustes y modificaciones a las sillas de ruedas. Él tiene inclinaciones a lo mecánico y puede hacer que casi cualquier cosa funcione, y le alegra muchísimo cuando puede hacer que otros sean felices.

También era lo mío. Aunque me había apuntado como asistente de Tommy, me hallaba conversando con las mamás de niños con necesidades especiales. Con la ayuda de un traductor, pude comunicarme con ellas, de mamá a mamá, de corazón a corazón, y cuando ellas supieron de mi hija con necesidades especiales, hubo una conexión inmediata. Les mostré fotografías de Paige. Saber que yo había nacido allí también fue significativo para ellas. Me trajo mucho gozo animarlas y orar por ellas.

No estoy segura de lo que estás haciendo aquí, Dios, pero sé que va a pasar algo. No solo estoy de vuelta adonde nací, estoy a cuatro cuadras de donde se hospedaron mis padres cuando vinieron a buscarme. Tengo una hija con necesidades especiales y estoy sirviendo a familias de hijos con necesidades especiales. Estoy aquí con el hombre que tú trajiste a mi vida, y a él le encanta estar aquí. Definitivamente, Dios estaba haciendo algo en este viaje.

Al final de la semana, Tommy y yo abordamos el avión para regresar a casa. Ambos teníamos una sensación de logro, y nuestros corazones estaban agradecidos por nuestro tiempo aquí. Yo estaba feliz de haber tenido la oportunidad de volver al lugar donde nací y de servir a la gente de Guadalajara. Había satisfecho mi curiosidad y no necesitaba volver.

Pasó un año. Luego, inesperadamente, recibimos una llamada telefónica de los líderes de equipos de Wheels for the World.

"Estamos llamando para ver si ustedes dos querrían volver este año".

Jamás esperé recibir esta llamada. No había planeado regresar y no estaba segura de querer hacerlo. Tenía recuerdos tan maravillosos de nuestro tiempo allá que no quería que nada los arruinara.

Ese año, nos estábamos mudando de casa, así que parecía una razón lógica no ir.

"Muchas gracias por llamar y pensar en nosotros", dije, "Pero esta año nos estamos mudando y no creo que sea una buena idea que vayamos". Sabíamos que ellos tenían la esperanza de una respuesta diferente, pero fueron muy comprensivos y lo aceptaron.

Un año más tarde, mi celular sonó y pude ver que era uno de los líderes de grupo de Wheels for the World. Tommy esperó cerca de mí mientras yo contestaba el teléfono. Una mujer y su esposo estaban del otro lado de la línea. Los cuatro compartimos lo que había estado sucediendo en nuestras vidas. Yo seguía pensando, *No tengo intención de regresar a Guadalajara. Espero que no pregunten.* Pero lo hicieron.

"¿Tommy y tú vendrán a Guadalajara este año?".

Dios, no sé si quiero ir. ¿Cómo respondemos a esta pregunta. Me sentí dividida *¡Paige!* La última vez que estuvimos en Guadalajara, me pregunté si alguna vez podríamos llevarla allá.

Al igual que yo había crecido en mi relación con Dios, Paige también había crecido. Ahora ella llevaba la unción de la presencia de Dios en su vida y tenía un ministerio propio. Una intensidad muy notoria esaba surgiendo en su interior, y cuando esto sucedía ella nos decía que quería orar por la gente. A ella le encanta orar por los demás

A veces, quiere orar por algo muy específico, como el corazón, el brazo o la pierna de la persona. La mayoría de la gente no está en busca de oración, pero aceptan amablemente, muy posiblemente solo por cortesía. Una y otra vez, a muchas personas las toma por sorpresa la forma en que los impacta su encuentro con Paige.

Miro a Paige imponiendo manos sobre las personas y veo sus ojos llenarse de lágrimas. A veces, uno puede entender lo que está diciendo, y otras, apenas se escucha. Ella puede decir una serie de oraciones o solamente unas pocas palabras. De alguna manera, ya sea que ellos puedan escuchar o entender las palabras que ella dice, realmente no importa. Lo que sí importa es lo que Dios hace a través de la imposición de manos y la obediencia de Paige para responder a lo que está sucediendo en su corazón. El impacto ha sido relevante. Muchos han regresado y nos han contado que cuando Paige oró por ellos, fueron sanados.

Con los líderes del grupo de Guadalajara todavía al otro extremo de la línea y Tommy cerca de mí, respondí, "Si acaso volvemos a Guadalajara, siento que Paige debe ir con nosotros". Me pidieron más información, así que les conté de Paige, quién es, su vida y por qué sentía que ella debía ir. Los líderes de grupo escucharon lo que yo estaba diciendo y nos aseguraron que necesitarían obtener la aprobación de la organización para que Paige fuera. Nosotros lo comprendimos. Yo había expresado lo que estaba en mi corazón y confiaba a Dios lo demás.

Unos meses después, sonó mi celular, y era uno de los líderes de grupo de Wheels for the World. Apenas pude decir hola antes de oír. "¡Sharon! Tenemos noticias magníficas, ¡Paige ha sido aceptada para ir a Guadalajara!". Solté una risita para mis adentros mientras movía mi cabeza sin poder creerlo. *No puedo creer lo que estoy escuchando.* Me llené de gozo inmediatamente, y había alegría en mi corazón. Dios tiene sentido del humor, y yo sabía lo que Él estaba queriendo decir.

¡Vamos a volver a Guadalajara! ¡Dios ha abierto una puerta para que Paige vaya a Guadalajara! No tengo que pensarlo más— yo sé. Yo sé cuál va a ser la respuesta. Cuando se me hizo la pregunta, "¿Irás?". Yo respondí, "¡Sí! ¡Sí! ¡Todos vamos a ir!".

Después de colgar el teléfono, me quedé moviendo mi cabeza sin poder creerlo. *¡No puedo creer que voy a volver a Guadalajara! Esta vez, regreso con Paige.*

Sabíamos que Paige disfrutaba viajar y que tenía un corazón para orar por la gente, pero ella no sabía qué la habíamos comprometido. Tommy y yo le hablamos juntos sobre este viaje.

"¡Paige!", dije, "Tommy y yo tenemos algo que contarte".

Ella estaba atenta.

¡Vamos a ir en un viaje misionero. ¡Vamos a Guadalajara, México!".

Una palabra grande. Ella estaba procesando lo que yo le acababa de decir.

"Vamos a ir a orar por personas en sillas de ruedas".

Eso captó su atención, y Paige empezó a repetir las palabras viaje misionero y México, e hizo el intento de decir Guadalajara. Aunque ella quizá no había comprendido todo lo que acababa de oír, ¡estaba lista para ir!

Ella sabía que involucraba viajar en avión, algo que a ella le encantaba. Ella sabía que este viaje tenía que ver con sillas de ruedas, algo que conocía bien y que ella usaba. Sabía que estaría orando, algo con lo que se sentía cómoda. Sin embargo, no entendía todo acerca de este viaje, nosotros tampoco, pero sí sabíamos que Paige debía ir.

El día que viajamos a Guadalajara fue bastante irreal para mí. *¡Tommy, Sharon y Paige van para Guadalajara! El lugar donde nací. Voy de regreso a un lugar donde verdaderamente no tenía planes de regresar. No sé de qué se trata todo esto, Dios, pero estoy abierta a lo que estás haciendo aquí.*

Después de un corto vuelo, aterrizamos. Habían pasado dos años, pero estábamos de vuelta. *No estoy segura de cómo me voy a sentir bajándome del avión y volviendo a ver los lugares donde estuve la última vez—los lugares se veían "mágicos" cuando los vi por primera vez.* De manera muy extraña, cuando salí del avión, todo se veía nuevo otra vez. Paige estaba aquí.

Los otros miembros del equipo nos fueron a buscar al aeropuerto. Nos conocían a Tommy y a mí, pero no habían conocido a Paige. Nos vieron empujando a Paige en su silla, y luego la vieron caminando con un andador. Y pronto descubrieron que ella hablaba, aunque ellos no entendían muchas de las palabras que ella decía. Por fuera, vieron una discapacidad, pero en poco tiempo, superaron esto y vieron el gozo que ella portaba —la unción de valentía y ánimo sobre ella— y experimentaron su risa contagiosa. Vieron su buen humor mientras ayudábamos a interpretar lo que estaba diciendo. Paige es muy sociable, y pronto todos tenían su propia conexión con ella.

Ser miembro del equipo significaba que cada uno tenía una tarea asignada. En papel, las diferentes tareas no le encajaban bien a Paige. En el listado de viajeros ella estaba asignada al área de administración, y al principio, yo no estaba segura de cómo iba ella a contribuir.

Entonces, ¡vimos los brazaletes!

Estos son brazaletes de evangelismo que el quipo había traído y nos pidieron que se los entregáramos a los que recibían su silla de ruedas. Pusimos a Paige a cargo de entregarlos.

Le di una bolsa de brazaletes y sugerí que se los diera a los niños cuando recibían su silla de ruedas. Esto era algo que podía hacer fácilmente, y que le gustaba. Sabiendo cuánto le gusta orar a Paige, también sugerí que orara por los niños. Ella pudo hacer eso, y le gustó también. No le tomó mucho entrar en el ritmo de su tarea.

De hecho, estaba disfrutando tanto hacer estas cosas que empezó a buscar más oportunidades. Empezó a entregar los brazaletes y a orar por todo aquel que podía encontrar al que le estaban midiendo una silla de ruedas o un andador. Así fue como descubrimos el don de evangelismo de Paige. Ella estaba en lo suyo. Estaba dando porque le encanta dar. Estaba orando por las personas ¡porque le encanta orar! Si el recipiente de la silla era joven o viejo no importaba, Paige oraba. La gente observaba. La gente miraba. ¡Paige se movía en el corazón de las personas. Ella llevó esperanza y amor a la gente de Guadalajara, México.

Para el final de la semana, nos dirigimos de regreso al aeropuerto. Este había sido un viaje misionero maravilloso. Y no había minimizado mis recuerdos de dos años atrás. Estos aún estaban allí, solo que ahora yo tenía recuerdos nuevos, recuerdos de Paige en su primer viaje misionero.

Cuando estábamos abordando el avión, uno de los líderes se acercó a nuestra familia y dijo, "Ha sido maravilloso tener a Paige con nosotros este año. Ella le añadió otra dimensión al equipo".

Atesoré esas palabras en mi corazón. Estaba muy orgullosa de Paige.

Luego, nos dijo, "Nos encantaría que vuelva el año entrante".

Sonreí para adentro. ¡Acababan de pedirle a Paige que regrese a Guadalajara!

Vamos de nuevo. Dios, realmente tienes un sentido del humor. No solo abriste una puerta para que Paige fuera a Guadalajara, sino que hiciste un camino para que vuelva a ir.

Lo que descubrí es que Dios es un Dios de lo repentino. Muchas veces he tenido un plan para mi vida, y luego, repentinamente, de la nada, voy en una dirección completamente distinta. Aunque esos cambios repentinos al principio me toman desprevenida, cuando me detengo y tomo un momento para ver lo que está sucediendo en realidad, me doy cuenta de que la mano de Dios está en medio de esto. Cuando estoy consciente de eso, es más fácil que yo me alinee, o concuerde, con lo que está sucediendo porque sé que Él lo está haciendo. Puedo confiar en Él. No estaba planeando regresar a Guadalajara, pero Dios tenía planes diferentes para nuestra familia. Él quería que Paige vuela.

También sé que Dios abre y cierra puertas. Cuando las puertas se abren, son puertas de oportunidad. Entrar por una puerta de oportunidad puede ser emocionante cuando sabes que son parte del plan de Dios para tu vida. Sus planes son mucho mejores que los nuestros. Dios abrió una puerta para que Paige fuera en un viaje misionero internacional, y nosotros pasamos por esa puerta. Aunque sin entenderlo completamente, concordamos con el plan de Dios para nosotros.

> Porque como los cielos son más altos que la tierra,
> así Mis caminos son más altos que vuestros caminos,
> y Mis pensamientos más que vuestros pensamientos. (Isaías 55:9)

Al andar y colaborar con Dios experimentamos altibajos a lo largo de nuestras vidas. Durante este recorrido con Paige, siempre fue mi deseo cuidar y administrar su vida hacia la dirección que Dios la lleva. Yo sé que sus planes para ella son mayores que cualquiera de los míos. Y debido a esto, mis ojos siempre procuran ver, mis oídos siempre están prestos para escuchar, y mi corazón siempre está deseoso para confiar porque sé que Dios ama a Paige más que yo. Él simplemente me ha bendecido como la persona que tiene el privilegio de cuidar la vida de Paige para la gloria de Dios.

Me bendice compartir la vida con Paige.

El Mayor Regalo

Y si tuviera el don de profecía, y entendiera todos los misterios
y todo conocimiento, y si tuviera toda la fe como para trasladar
montañas, pero no tengo amor, nada soy.
1 Corintios 13:2

HOY, AL ESTAR SENTADA en una cafetería del área, a mi alrededor hay personas conversando sobre diferentes temas o trabajando en sus computadoras. Toda esta actividad a mi alrededor hace difícil que me pueda concentrar, pero luego, empiezo a escuchar la música que suena en el trasfondo. El volumen no está muy fuerte, así que podría pasar desapercibida. Pero, por alguna razón ha captado mi atención. Me inclino un poco para escuchar mejor la letra de la canción. Y mientras la escucho, algo empieza a suceder dentro de mí. Esta canción —las palabras, la melodía— comienza a tocar los lugares profundos de mi corazón. Hay una intensidad en su significado que hace brotar lágrimas a mis ojos.

Es una canción conocida. He escuchado la letra antes. *¿Por qué estas palabras me afectan hoy de esta manera?* Conozco esta canción como una canción de amor entre un hombre y una mujer, pero precisamente ahora la siento como una canción de amor entre Paige y yo. Siento que Dios está usando estas palabras para hablarme de mi vida con Paige.

¿Cuán Profundo Es Tu Amor?

Sigo escuchando las palabras, "¿Cuán profundo es tu amor?".

Es como si Dios me estuviera diciendo, "¿Cuán profundo es tu amor por Paige? Necesito saberlo".

"¿Cuán profundo es el amor por tu hija, la de grandes ojos cafés? Necesito saberlo".

"¿Cuán profundo es tu amor por esta persona a la que he confiado bajo tu cuidado? Necesito saberlo".

"¿Cuán profundo es tu amor por esta persona a quien escogí para que la amaras—para que la amaras como yo? Necesito saberlo".

"¿Cuán profundo es tu amor por el regalo, la bendición, que te he dado?". Necesito saberlo".

Mi respuesta es, "¡Mi amor es profundo!" Siempre ha sido profundo. ¿Lo he reconocido como un amor profundo? Probablemente no. Yo solo sé que la amo. Justo ahora, con esta canción, Dios me está mostrando que mi amor por Paige siempre fue profundo. Desde el momento que nació, me ha estado preguntando, "¿Cuán profundo es tu amor?". Él quiere verlo, y Él quiere saber.

Yo no soy perfecta, y no siempre he hecho lo correcto con Paige, pero el anhelo de mi corazón siempre ha sido amarla profundamente. Siempre he querido que Paige no dude que la amo— que ella se sienta "especial". Siempre la he amado desde un lugar profundo de mi corazón.

Aunque la canción que estoy escuchando es una canción de amor escrita por los Bee Gees, Dios tiene una canción de amor en Su Palabra, la Biblia. Está en 1 Corintios 13:4-7 (NVI):

> El amor es paciente, es bondadoso. El amor no es envidioso ni jactancioso ni orgulloso. No se comporta con rudeza, no es egoísta, no se enoja fácilmente, no guarda rencor. El amor no se deleita en la maldad, sino que se regocija con la verdad. Todo lo disculpa, todo lo cree, todo lo espera, todo lo soporta.

El Mayor Regalo

El amor es paciente. Antes que Paige nazca, yo pensaba que era bastante paciente. Sin embargo, ella me enseñó a ser más paciente. Nuestro mundo parece ser muy apresurado, pero el mundo de Paige es un poco más lento. Ella es bastante lenta y metódica. Necesita tiempo adicional para casi todo. Necesita tiempo adicional para vestirse. Le toma más tiempo comer que al resto de las personas en la mesa. Ella camina con la ayuda de un andador a un ritmo constante, pero nunca tiene prisa—El amor es paciente.

El amor es bondadoso. Cuando Paige nació, fue en un mundo que era muy cruel para ella. Un mundo frío y sin amor. Yo quería que ella experimentara una vida que no era dura y desagradable. Yo era tierna y gentil con ella, creando una atmósfera de confianza. Con el deseo de que su cerebro y su cuerpo sanaran, creé una atmósfera de paz. Proclamé palabras de afirmación y vida sobre ella, creando una atmósfera de esperanza. Le di abrazos grandes y largos, expresándole mi amor por ella. El amor es bondadoso.

Que su amabilidad sea evidente a todos. (Filipenses 4:5, NVI)

El amor no es envidioso. Como el poema de Holanda, el amor no ve a otros ni desea que mi historia sea como la de ellos. En mi corazón, no hay anhelo ni insatisfacción por algo que no tengo. Puede ser que mi historia no sea como la tuya, pero eso no significa que yo no esté conforme. Tengo una historia hermosa. Tengo una vida hermosa. Tengo una hija hermosa. Tengo un regalo hermoso. Soy bendecida. El amor no es envidioso.

El amor no se comporta con rudeza y no guarda rencor. Al pasar por mi divorcio, decidí honrar. Lo hice porque estaba buscando a Dios, pero también lo hice por Paige. No guardé rencor porque decidí perdonar. Lo hice porque es el deseo de Dios, pero también lo hice por mí. Por hacerlo, Paige continúa teniendo una excelente relación con su papá y ahora con su nuevo papá. El amor da honra.

El amor protege. He sido la defensora de Paige. He sido su voz. He luchado por cosas que sabía que serían lo mejor para Paige. Mi objetivo ha sido proteger su corazón. El amor protege.

El amor cree. Han habido muchas veces cuando la vida de Paige ha estado completamente fuera de mi control. Lo único que he podido hacer es orar y decir, "Creo en Dios". He necesitado confiarle a Dios la vida de Paige, sabiendo que Él la ama más que yo. Al fin de cuentas, ella es su hija, a quien puso bajo mi cuidado aquí en la tierra. El amor cree.

El amor espera. El amor ve más allá de las circunstancias actuales y ve más que lo obvio. Yo siempre he tenido una fe fuerte. He creído en las cosas que no veo.

> Ahora bien, la fe es la garantía de lo que se espera, la certeza de lo que no se ve. (Hebreos 11:1, NVI)

La vida de Paige me ha dado la oportunidad de practicar y desarrollar mi fe. He visto situaciones de salud y creído por encima de lo que veo enfrente de mí. También he visto a Paige y he sido capaz de ver más potencial en ella de lo que otras personas ven. Por mi fe, ahora estoy en un lugar en donde creo que veremos un milagro creativo en el cuerpo de Paige, una sanidad que nadie puede negar que Dios intervino y que lo hizo. Esta sanidad hará que muchas personas crean en un Dios que no han conocido. El amor surge de la fe.

El amor persevera. Cuando enfrenta adversidad, el amor no se da por vencido. No puedo imaginar mi vida sin Paige, y no puedo imaginarla de otra manera. No importa cuán difíciles han sido las situaciones, a pesar de la dificultad, rendirse no es una opción. Paige ha sido una gran bendición en mi vida, así como en la vida de otros. Si me pidieras que lo haga de nuevo, lo haría, porque mi vida ha sido más satisfactoria por tener una hija con necesidades especiales. He sido bendecida viendo a Paige, y a la vida, a través de un lente distinto. Dios me dio su perspectiva de lo que es la perfección y de lo que es más importante en la vida. Perseverancia es amor verdadero.

Lo Que Paige Me Ha Enseñado

Paige me ha enseñado una perspectiva diferente de la paciencia. Aunque tiene sus propios deseos, ella está a merced de que alguien más haga que esos deseos se cumplan. Ella debe esperar a que alguien más la atienda a su tiempo, en su horario y dependiendo de su disponibilidad para hacer lo que a ella le gustaría que se haga. Cuando espera, ella se mantiene serena, tiene un sentido de calma y paz. ¡Ella es extremadamente paciente!

Paige me ha enseñado cuán sencillo es dar. Ella no conoce el valor que el mundo le ha asignado a los objetos. Por lo tanto, su generosidad no tiene un valor monetario. A ella le encanta darle a la gente papeles, calcomanías, folders, archivadores, lapiceros, revistas e incluso bolsas plásticas. Para ella, estas cosas no tienen precio y son valiosas como un diamante. Justo ahora, está regalando brazaletes hechos a mano que dicen "Yay! God" (¡Bravo! Dios). Cuando ella da, en verdad lo hace desde lo profundo de su corazón. A ella le gusta cuando la gente sonríe y hace gran alharaca por lo que ella les da. A la gente le encanta recibir regalos de Paige porque saben que ella está pensando en ellos. ¡Paige es dadivosa!

Paige me ha enseñado que es brillante. Paige vive en un mundo que no satisface su estilo de comunicación, sin embargo ella desea comunicarse y ser escuchada. Ella es a quien se le pide que sea creativa y piense más allá de nuestro pensamiento. Ella elabora su propio idioma para comunicarse. Cuando uno descifra lo que ella dice, se da cuenta de cuán creativa fue para comunicar su pensamiento. ¿Quién puede asegurar que su estilo de comunicación no sea más "normal" de lo que nosotros creemos? Ella también tiene un sentido agudo de ubicación. No es lo suficientemente alta para ver por la ventana del vehículo, pero sabe cuando estamos cerca de lugares importantes. Habla y dice que estamos cerca de "x" o "y" y ¡tiene razón! ¡Paige es brillante!

Paige me ha enseñado cómo perdonar y dejar pasar rápidamente la desilusión manteniendo el mismo nivel de alegría. Cuando Paige enfrenta la decepción, la veo procesar mentalmente lo que acaba de suceder, pero luego, lo deja ir. Ella no se queda preocupada por eso. Una vez supera algo, no vuelve a experimentar lo mismo. Para ella eso ya no existe. Su conducta se mantiene a lo largo del proceso. Paige perdona.

Paige me ha enseñado a ser vencedora porque ella lo es. Es muy valiente, muy fuerte, muy diligente. Ella es una campeona. Ella es la que ha enfrentado tantas cirugías. Ella es la que vive con discapacidad. Ella no escogió esta vida, pero ha escogido vivir. Ella ha escogido resiliencia y motivación. Pero sobre todo, ¡su corazón produce gozo! ¡Ella es una guerrera!

Paige me ha enseñado el amor incondicional. A sus ojos, todos fuimos creados iguales. No importa quién eres, —incluso, si eres un total desconocido— Paige tiene una manera de hacer sentir especiales a todos. A todos les encanta escuchar a Paige llamándoles por su nombre o que ella les invente un nombre en lenguaje de señas. Cuando lo hace, sabes que Paige te ha visto. Ella porta tal unción del amor de Jesús, que sientes que es con Él que has estado. ¡Paige lleva consigo a Jesús!

Paige me ha enseñado cómo es tener diferentes tipos de humor. Ella es divertida, y lo sabe. ¡Es muy animada y ¡tiene una alegría contagiosa! Ella dice cada disparate en el momento oportuno agarrando a todos desprevenidos. ¡Paige es divertida!

Paige me ha enseñado que uno puede ver su reflejo en casi cualquier cosa. Desde pequeña, le ha encantado ver su reflejo en el espejo—le parece intrigante. Es capaz de ver reflejos de sí misma y de otros en los cubiertos, en las pantallas de computadora o de televisión, en las ventanas de los autos o en espejos en lugares inesperados—en donde sea, ella lo encuentra. Este gusto por verse a sí misma y a otros por medio de diferentes objetos pasó a las cámaras y a los teléfonos celulares. Ella se ha dado a conocer como una paparazzi, captando imágenes de sí misma y de los demás. Ha aprendido a conocer cuando algo está fuera de lo normal, y cree que lo debe capturar para siempre.

Paige me ha enseñado que es fácil compartir el evangelio. Ella no tiene miedo del hombre y se acerca a la gente con valentía. No piensa dos veces lo que otros vayan a pensar—ella simplemente quiere orar por ellos. Es una discípula valiente.

Paige me ha enseñado que siempre hay "¡más!" Ella no se detiene. Quiere estar en constante movimiento. Cualquiera que esté cerca de Paige durante cualquier cantidad de tiempo se dará cuenta de su pasión por lograr "¡más!"

Lo Que Dios Me Ha Enseñado

Aunque era hija de pastor, yo no conocía la Biblia. Iba a la iglesia todos los domingos, pero recuerdo que cuando fui adolescente tuve algunas conversaciones sobre la necesidad de ir a la iglesia. Ninguno de mis amigos iba a la iglesia, así que yo no veía la necesidad de asistir.

Pensé que ir a la iglesia era para ayudar a la gente a ser "buena persona". Recuerdo estar sentada en la mesa de la cocina teniendo esta discusión con mis padres y diciéndoles que yo creía que era una buena persona y por lo tanto, no necesitaba ir a la iglesia. No recuerdo su respuesta, pero sí sé que lo que yo pensaba no cambió la situación. Yo seguí yendo a la iglesia cada domingo hasta que pude tomar decisiones por mí misma.

No fue sino hasta que Paige nació cuando me di cuenta de que necesitaba a Dios. Había disfrutado mis años de universidad, estaba en los primeros años de mi carrera y la vida había sido buena sin tener que asistir a la iglesia.

De lo que no me había dado cuenta cuando Paige nació era que yo era una cristiana bebé. Mi actitud era naturalmente positiva, pero eso no fue suficiente—necesitaba ayuda. Fue hasta que busqué respuestas para librarme de mi dolor personal que ¡Dios me "encontró!" ¡Él habló! Él me habló de "mi regalo".

Ese fue un buen inicio, pero no fue suficiente. Pronto descubrí que para que el ánimo de Dios permaneciera, se requería que yo hiciera algo. Me di cuenta de que el ánimo de Dios puede escurrirse fácilmente. Necesitaba recordarme continuamente las palabras que me había dado. Tenía que mantener sus palabras cerca de mi corazón y creer que sus palabras eran verdad una y otra vez. Tenía que pronunciar sus palabras para mí misma y para los demás. Hacer este ejercicio me ayudó a creer.

Cuando la calidad de vida de Paige estaba en duda, nuevamente yo necesitaba respuestas. Consultaba libros y leía artículos sobre niños con discapacidades o necesidades especiales buscando respuestas. Pero mi respuesta no vino de los libros—vino de Dios. Yo escuchaba, "Dios va a tener la última palabra en la vida de Paige", y no los doctores, ni yo.

Luego, cuando Paige vino a casa, yo hice todas las cosas que las mamás primerizas hacen con su bebé, excepto que yo sabía que había más. Empecé a buscar ese *más* en Paige. Empecé a ver más posibilidades de las que estaban a simple vista. Empecé a hacer la pregunta, "¿Cómo puedo mejorar su vida?". Lo que Dios me mostró fue que Él no solo me había dado un regalo. ¡Él me había dado un regalo y una bendición! Mi deseo era administrar bien esta bendición, así que le pregunté a Dios, "¿Cómo lo hago?".

Cuando Paige casi muere en Chicago, yo recibí presión por todos lados. Experimenté el trauma como nunca lo había experimentado en mi vida. El dolor perforó mi corazón como nunca antes. Allí fue donde me acerqué a la capilla del hospital y oré para que Paige viviera. Fue cuando busqué a Dios. Me volví a Dios pidiéndole que Él salvara la vida de Paige y lo hizo.

Después de que Paige sobrevivió a Chicago, empezamos a llevarla a la iglesia. Por primera vez como adulta, decidí entrar a la iglesia otra vez. En esta oportunidad fui porque yo podía ver que quienes iban a iglesia eran "buenas personas". Atraída por su bondad, yo quería estar rodeada de ellas, y quería que Paige estuviera cerca de ellas.

No fue sino hasta mi divorcio que Dios se volvió más real para mí. Uno pensaría que el nacimiento de Paige y la vida hasta ese punto me habría acercado a Dios, pero no fue así. Me gustaba el aspecto social de ir a la iglesia. Por fuera, nuestra familia parecía ser la familia perfecta. Íbamos cada domingo a la iglesia, asistíamos a algunas actividades externas y teníamos muchos amigos en la iglesia; sin embargo, mi relación era solo con la gente que iba a la iglesia—pero no con Dios.

Durante la época de mi divorcio, no busqué a nadie ni fui a la biblioteca esta vez, yo busqué a Dios. Fue durante esta época que la Biblia llegó a ser más real que antes para mí. Empecé a entender las Escrituras más y más. Empecé a ver que Dios es más que solo ir a la iglesia los domingos.

Por primera vez en mi vida, entendí que yo podía tener una relación con Dios. Empecé a entender que Él está vivo, listo para entablar una relación y más real de lo que yo podía haberme imaginado. Llegué a saber que yo podía acercarme a Él con mis preguntas y que Él las respondería porque me escuchaba. Al buscar a Dios, me cambió y aumentó mi fe en Él y también a Paige. Empecé a creer lo que Su Palabra dice sobre la sanidad, y ahora lo ceo para Paige.

Sin duda, Dios es fiel. Cuando lo buscamos con todo nuestro corazón, Él nos da nuestros anhelos. Él me dio a un hombre que ama a Dios igual que yo. Él me dio un hombre íntegro que ama a Paige. Dios restauró mi vida y mi familia a través de Tommy.

Los propósitos de Dios son mucho más grandes que los nuestros. Él abre puertas que ningún hombre puede cerrar. Él abrió una puerta para que Paige pudiera ir en su primer viaje misionero internacional. Su vida tiene más propósito de lo que los doctores o yo pudimos haber creído cuando ella nació. Ella tiene su propio ministerio. Porta una unción que es más grande que ella. Ora por la gente y ellos se sienten amados y muchos son sanados.

Atrévete a Soñar

> "Paige ya ha desafiado las probabilidades. Actualmente, ella es un milagro vibrante, pero será un milagro andante en los días venideros. Ella vive bajo un cielo abierto. Tiene conversaciones con ángeles. Ella es el acto de apertura de lo que Dios va a hacer en la tierra". —Profeta David Wagner

Una vez me pidieron que soñara y que escribiera un guión, como si fuera una productora de una película, creyendo que la historia se usaría en entrevistas, artículos y en la contraportada de un DVD. Esto es lo que escribí:

Paige recibe un milagro creativo que inspira a multitudes a creer en un milagro para ellas. El milagro indiscutible de Paige les revela a un Dios que no conocen personalmente, o un Dios que quizás no conocen en absoluto.

Tommy, Sharon y Paige son llamados a un ministerio mundial para contar la historia de Paige que va de la incertidumbre de su vida en su nacimiento hasta la manifestación de sanidad que nadie puede negar. Nosotros tres imponemos manos sobre las personas con las que entramos en contacto. ¡Ellos son sanados, son liberados y reciben salvación! Este es mi sueño. ¿Cuál es el tuyo?

Yo no creo ser diferente a cualquier otro padre de familia. De hecho, yo no veo que mi vida con Paige sea diferente a la de cualquier otro padre de un niño con necesidades especiales. Pero me han dicho que mi vida es distinta.

Lo que me han dicho es que lo que los demás considerarían un yugo o una carga no es nada del otro mundo para mí. Mientras otros apenas están sobreviviendo y les cuesta dar un paso a la vez, yo estoy "bailando, saltando, brincando, subiendo y caminando".

Dios es quien "me ha escogido" entre muchos para llevar mi vida bien. Mi deseo es poder mostrarles a otros cómo quitarse el peso de encima sin restar responsabilidad. La responsabilidad permanece, pero las cargas se levantan. Es como la historia en la Biblia de los hombres a quienes les dio talentos. Dios quería ver lo que harían ellos con lo que se les había dado. ¿Cómo vamos a administrar el regalo que Él nos ha dado? Hemos sido escogidos.

Si eres padre o madre de un niño con necesidades especiales o cuidas a alguien de una u otra forma, tal como una persona que cuida de su cónyuge con Alzheimer o un ser amado que sufre de alguna lesión o enfermedad prolongada o tiene un padecimiento que hace que tu ser amado sea diferente de como era antes, tú eres la persona que Dios escogió para cuidar de él o ella. Fuiste elegido entre muchos otros.

¿Cuán profundo es tu amor?

¿Cuán profundo es tu amor cuando hay tantas incertidumbres? ¿Cuán profundo es tu amor cuando las cosas no salen como las habías planificado? ¿Cuán profundo es tu amor cuando las cosas no son fáciles? ¿Cuán profundo es tu amor cuando la gente mira a tu ser amado con curiosidad? ¿Cuán profundo es tu amor? Muchos dicen que el amor es la característica que define al pueblo de Dios.

> Nadie tiene un amor mayor que este: que uno dé su vida por sus amigos. (Juan 15:13)

Estoy agradecida por el aliento en el cuerpo de Paige, y me asombra ver cómo Dios la está usando para engrandecer su reino. Cuando Paige reciba su milagro creativo, sabemos que ella inmediatamente servirá en el ministerio a tiempo completo. Será una historia de la gloria de Dios. La sanidad no solo le sucederá a Paige sino a muchos otros. ¡Jesús sanó a todos! ¡Todos significa todos!

Te animo a creer. Cree en las cosas que no ves. Espera por aquello que Dios ha colocado en tu corazón. Ama a la gente que Dios te ha regalado porque "todo don perfecto proviene de lo alto".

> La fe, la esperanza y el amor, estos tres; pero el mayor de ellos es el amor. (1 Corintios 13:13)

¡La vida con Paige!

Paige a los dieciocho años, recibiendo el bautismo en agua

Madre e hija disfrutado un tiempo con Dios en el lago

El sueño de Sharon en la sanidad de Paige capturado en un lienzo – Artista Hannah Aaron

La restauración de Dios – Tommy, Sharon y Paige

Sharon regresa al lugar de su nacimiento en Guadalajara, México

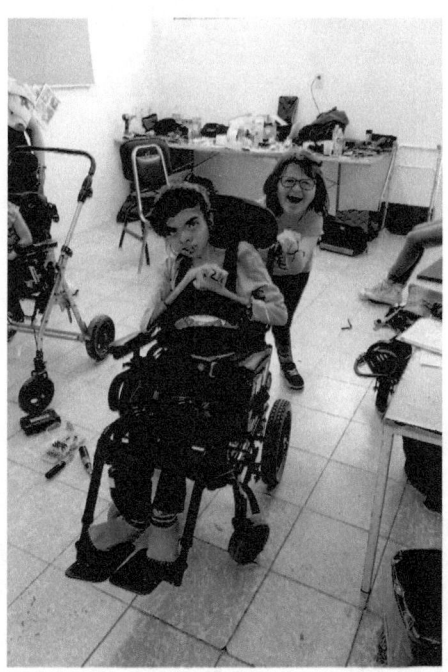

El primer viaje misionero de Paige a Guadalajara
a la edad de veintisiete años

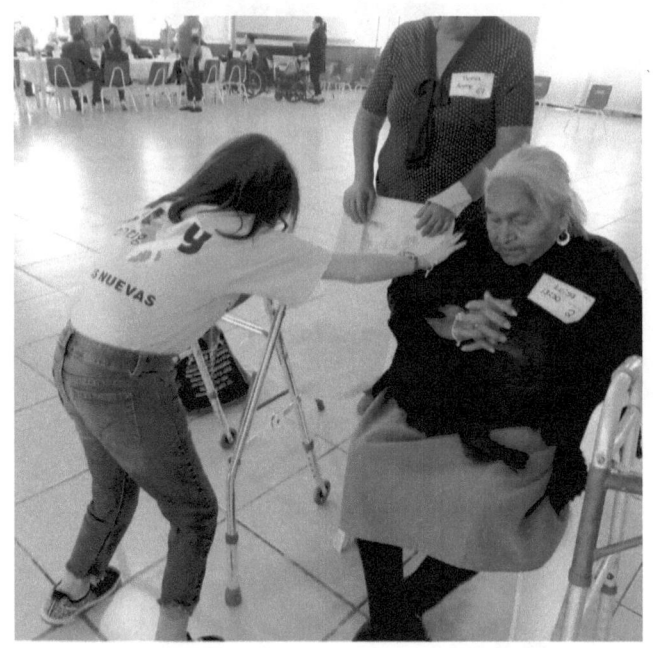

Paige orando en Guadalajara

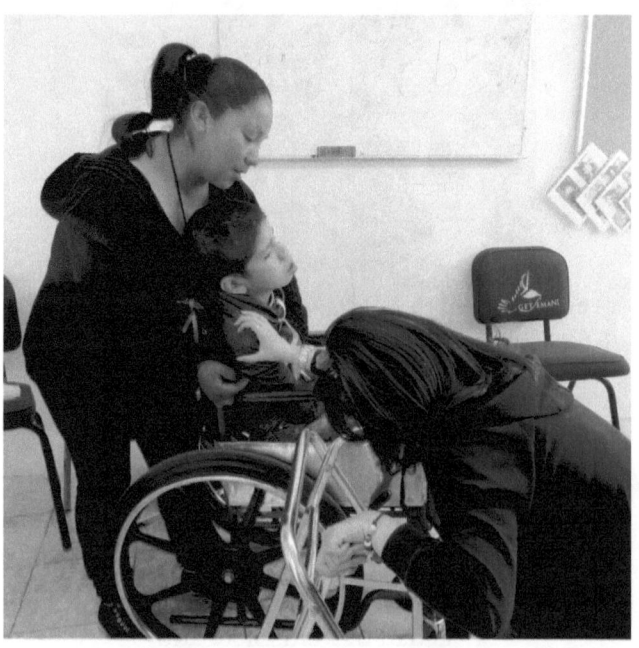

Paige orando en Guadalajara

Paige siendo ella misma en Guadalajara

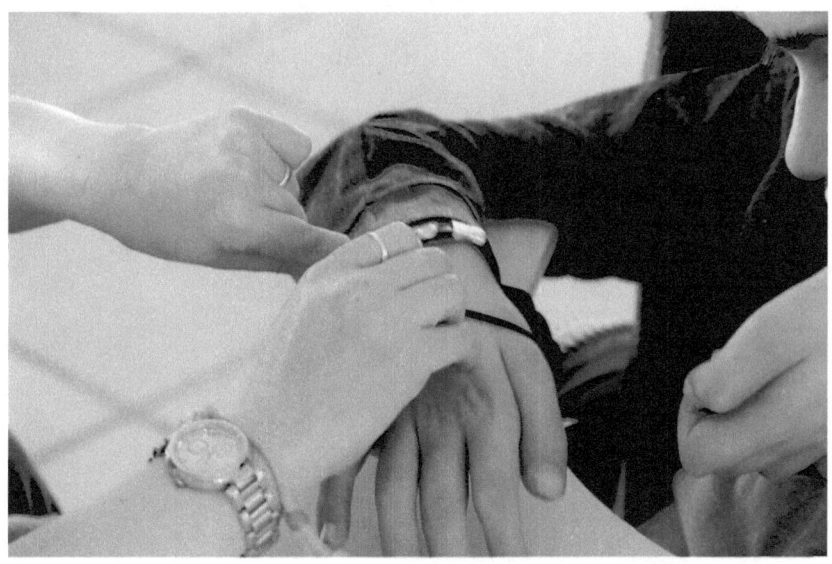

Paige entregando brazaletes en Guadalajara

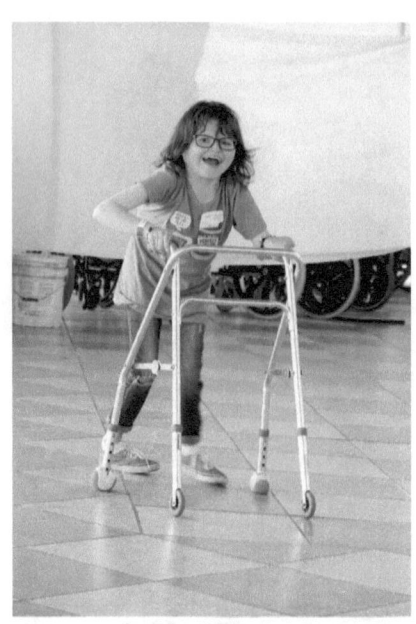

Paige a la edad de veintiocho años de edad

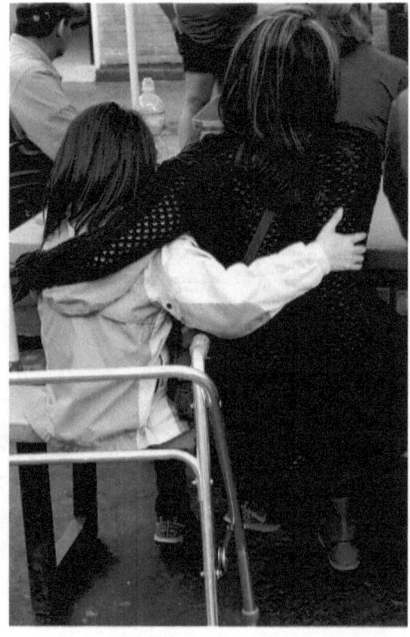

Sharon y Paige – ¿Cuán profundo es tu amor?

Los abuelos

"Eres una inspiración para todas las madres del mundo. La forma en que has enfrentado los desafíos de la maternidad con una niña milagro es sencillamente increíble. Paige está donde está mental, física y emocionalmente gracias a ti. Dios sabe lo que Él está haciendo y Él sabía que ustedes dos debían estar juntas debido a la bendición que se darían mutuamente, y Él sonríe al verlas a ambas". —**Cherry/Suegra**

"Muchas veces he dicho que Dios sabía lo que estaba haciendo cuando Él te confió a Paige. Tú, quien has sido capaz de planificar tu vida como hija, esposa, hermana y oficial de probatoria aceptaste rápidamente las limitaciones y luchas de Paige solo para mantenerla viva. Nunca hubo sentimientos obvios de, "¿Por qué a mí?" pues tu amor por Paige fue al 100 por ciento mientras buscabas formas de ayudar su desarrollo desde los primeros estados vegetativos en los que se hallaba hasta estos años de una Paige feliz y comunicativa, que sonríe, carcajea, verbaliza, hace señas, se mueve y le encanta estudiar. ¡Le has dado un gran regalo!" —**Joyce/Madre**

"Claramente, ¡Dios no tuvo que buscar mucho para saber a quién elegir como la mejor madre posible para Paige! La forma en que tú la has amado pacientemente, la has cuidado y te has dedicado a ella para transformar lo que pudo haber sido una historia triste en una historia de bendición, gozo y deleite, lo dice todo. ¿Qué más podría agregar al comentario de tu vida? Ha sido lo que significa caminar la milla extra y amar sin contar el precio". —**Bob/Papá**

"Yay! God" ("¡Bravo! Dios")

Y haré de ellos y de los alrededores de mi collado una bendición. Haré descender lluvias a su tiempo; serán lluvias de bendición. (Ezequiel 34:26)

Ha sucedido un hermoso intercambio de amor en mi vida que ha resultado en una lluvia de bendiciones. Una de las bendiciones que continúan hoy son los brazaletes que Paige crea, y obsequia, con la expresión "Yay! God" (¡Bravo! Dios).

Paige entrega los brazaletes a personas totalmente desconocidas, esperando que se lo pongan. Ella observa hasta que el brazalete es debidamente colocado. ¡Luego sonríe con gran deleite!

La unción de Dios y la luz brillan en esos brazaletes. Cuando recibes un brazalete, no solo te ha visto Paige, sino también Dios. Él te ve y te ama.

¡Que tu brillo resplandezca!

Si te gustaría obtener uno de los brazaletes "Yay! God", visita nuestro sitio web: http://sharonmrichardson.com. Nos gustaría saber quienes han sido bendecidos por Dios y por Paige a través de estos brazaletes. Por favor, envía una fotografía tuya con tu brazalete a "Yay! God" bracelets@sharonmrichardson.com y deja un comentario; subiremos tu imagen y tu comentario a nuestro sitio web o a los medios sociales.

www.ingramcontent.com/pod-product-compliance
Lightning Source LLC
Chambersburg PA
CBHW020527080526
44583CB00013B/768